J. Oswald Sanders

Leben aus der Quelle

Der Weg zum geisterfüllten Christsein

Leben aus der Quelle

Der Weg zum geisterfüllten Christsein

J. Oswald Sanders

Christlicher
Missions-
Verlag

Beim R. Brockhaus Verlag erschien dieses Buch unter dem Titel *Aus dem Vollen schöpfen* unter der ISBN 3-417-00520-5.
Deutsch von Charlotte Rathmann.

ISBN 3-932308-56-5
CMV-Bestellnummer: 30856

Autor: J. Oswald Sanders

Überarbeitete Neuauflage.
Gesamtgestaltung und Textüberarbeitung: CMV
Druck: St.-Johannis-Druckerei C. Schweickhardt GmbH & Co KG
Printed in Germany

Inhaltsverzeichnis

Vorwort 7

1. Drei Stufen geistlichen Lebens 9
Erstens: Der natürliche Mensch 10
Zweitens: Der fleischliche Mensch 13
Drittens: Der geistliche Mensch 17

2. Der Schatten des Ichs 21
Was ist das Ich? 22
Wie äußert sich das Ich? 22
Wie können wir Schluss machen mit dem Ich-Leben? 28

3. In der Hand des Töpfers 30
Töpfer - Scheibe - Ton 31
Der vorgefasste Plan 34
Das missratene Gefäß 35
Der korrigierte Plan 37
Der vollendete Plan 39

4. Die Freude an den
Erziehungsmaßnahmen Gottes 42
Das Wesen der Strafe 42
Die Kanäle der Zurechtweisungen 44
Die Herausforderung der göttlichen Erziehungsmaßnahmen 47
Das Ziel der göttlichen Erziehungswege 49

5. Die Herrschaft Christi 52
Das Fundament der Herrschaft Christi 53
Die Auflagen seiner Herrschaft 55
Die Anerkennung seiner Herrschaft 58

6. Das hingegebene Leben 61
Die Sprache der Hingabe 61
Die Subjekte der Hingabe 62
Das Motiv der Hingabe 62
Die Art der Hingabe 63

Das Gebiet der Hingabe *63*
Die Qualität der Hingabe *64*
Das Wesen der Hingabe *66*
Das Ziel der Hingabe *66*
Die Logik der Hingabe *66*
Die Folge der Hingabe *67*

7. Das Innewohnen Christi 69
Das Innewohnen Christi wird ständig in der Schrift gelehrt 70
Eine Tatsache, die wir wissen sollen *73*
Eine Erfahrung, die wir machen sollen *75*
Ein Zeugnis, das wir mit anderen teilen *77*

8. Die Fülle des Heiligen Geistes 79
Das Wesen des geisterfüllten Lebens *80*
Der Sinn des geisterfüllten Lebens *80*
Die Auswirkungen der Geistesfülle *80*
Die Bedingungen für die Geistesfülle *87*

9. Zeichen der Geistesfülle 90
Im persönlichen Leben *92*
Im häuslichen Leben *94*
Im geschäftlichen Leben *97*
Im christlichen Erfahrungsleben *98*

10. Die Teilhaberschaft des Heiligen Geistes 100
Die Persönlichkeit des Partners *101*
Das Ziel der Teilhaberschaft *102*
Die Stellung der Teilhaber *103*
Die Bedingungen der Teilhaberschaft *104*
Die Vorrechte der Teilhaberschaft *106*

Vorwort

Nach der Heiligen Schrift findet das Leben des Christen seine Erfüllung in Christus als ein Leben des Sieges und nicht der Niederlage. Dieses Buch ist ganz und gar auf die Praxis des christlichen Lebens ausgerichtet. Es versucht, den Leser zu ermutigen, neue Glaubensschritte zu tun. Deshalb sollen auch die Übel aufgezeigt werden, an denen in dieser verworrenen Zeit so viele Christen in ihrem geistlichen Leben krank sind, und es soll gleichzeitig ein Hinweis gegeben werden auf das, was uns die Schrift verordnet, um diese Unordnung zu überwinden.

Die Tatsache, dass der Herr diese mündlich an Christen vieler Nationen ergangenen Botschaften gesegnet hat, ermutigt mich dazu, sie hier zu veröffentlichen.

O. S.

1. Drei Stufen geistlichen Lebens

»Der natürliche Mensch aber vernimmt nichts vom Geist Gottes, es ist ihm eine Torheit, und er kann es nicht erkennen; denn es muss geistlich verstanden sein.«
(1. Kor. 2,14)

»Und ich, liebe Brüder, konnte auch mit euch nicht reden als mit geistlichen Menschen, sondern als mit fleischlichen, wie mit jungen Kindern in Christus. Milch habe ich euch zu trinken gegeben, und nicht feste Speise; denn ihr konntet sie noch nicht vertragen. Auch jetzt könnt ihr's noch nicht, weil ihr noch fleischlich seid. Denn wenn Eifersucht und Zank unter euch sind, seid ihr da nicht fleischlich und wandelt nach menschlicher Weise? Denn so einer sagt: Ich bin paulisch, der andere aber: Ich bin apollisch, ist das nicht menschlich geredet?«
(1. Kor. 3,1–4)

»Der geistliche Mensch aber ergründet alles und wird doch selber von niemand ergründet.«
(1. Kor. 2,15)

Schon immer haben soziale Klassen und Kasten die menschliche Gesellschaft geprägt und getrennt, und der Traum von der klassenlosen Gesellschaft hat sich als das erwiesen, was er *ist:* als ein Traum. Noch immer gibt es Klassen, und noch immer stehen zwischen den Klassen fast unüberwindliche Mauern. Heute ist das Wissen eine der hohen Mauern, die die Menschen voneinander trennen. Nicht nur, dass die Wissenschaft ihre eigene Sprache hat, die von den Laien nicht mehr verstanden wird; auch die Wissenschaftler verstehen einander kaum. Wenn der Biologe das wissenschaftliche Werk eines Atomphysikers verstehen will, muss er ein Wörterbuch zur Hilfe nehmen, als läse er in einer Fremdsprache. Und die Arbeiter verstehen die

Sprache der Studenten schon gar nicht mehr. Mauern trennen sie.

Auch im geistlichen Bereich gibt es trennende Mauern, aber hier werden sie nicht vom sozialen Status oder vom Bildungsstand oder etwa von guten oder schlechten menschlichen Erbanlagen gebildet; der entscheidende Faktor ist hier die Fähigkeit, geistliche Wahrheit zu empfangen, zu verstehen und auszuleben.

Der Apostel Paulus sieht die Menschen in drei Gruppen getrennt. Der Prüfstein ist das Wort Gottes, und wie nun der Mensch auf die Wahrheit dieses Wortes reagiert, so entscheidet es sich, in welche der drei Gruppen er einzuordnen ist. Da ist

Erstens:

Der natürliche Mensch

Ihn charakterisiert Paulus mit dem griechischen Wort *»psychikos«,* d.h.: der seelische, der natürliche Mensch. Diese Gruppe umfasst alle, die – so wertvoll und geachtet sie im Übrigen auch sein mögen – nicht wiedergeboren sind und folglich nichts vom Geist Gottes wissen. »Natürlich« meint hier nicht frei, ungezwungen sein; es heißt in diesem Zusammenhang: total auf sich selbst gestellt sein. Es ist der »alte«, an die Sünde verkaufte, der unfreie Mensch. Dieser *»natürliche Mensch vernimmt nichts vom Geist Gottes,* denn es ist ihm eine Torheit; er *kann es auch nicht erkennen,* denn es muss geistlich verstanden sein«. Es fehlt ihm also der Sinn, das Interesse für geistliche Dinge. Er erkennt sie nicht, »weil sie ihm eine Torheit sind« – bedeutungslos, Unsinn.

Wenn ein Kunstliebhaber vor einem Bild Raphaels oder Rembrandts steht, kann er sich nicht satt sehen, er vergisst darüber die Zeit. Wer sich nicht für Kunst interessiert und keinen Sinn für ihre Feinheiten hat, geht daran vorüber. Bilder von Raphael und Rembrandt bedeuten ihm nichts. Deshalb sucht er in ihnen nichts und kann folglich auch nichts finden, was ihn vielleicht anginge; nichts, was ihn ansprechen könnte.

Derselbe Mensch mag wenige Minuten später fasziniert einen Krimi ansehen oder jeden Morgen den Sportteil seiner Zeitung noch vor dem Frühstück lesen müssen. Raphael und Rembrandt sind ihm eine Torheit. Sport und Kino fesseln ihn.

So ignoriert der »natürliche Mensch« alles, was den Reiz und die Schönheit des geistlichen Lebens ausmacht. Er nimmt da gar nichts wahr. Er sieht gar nicht erst hin. Er interessiert sich vielleicht für Literatur und liest deshalb vielleicht auch in der Bibel. Aber das, was er nötiger braucht als das tägliche Brot, ein Wort von Gott, das die Bibel ihm geben will, das nimmt er überhaupt nicht wahr. Geistliche Wahrheit hat für ihn keinen Wert, sie ist ihm eine Torheit.

Aber diesem Menschen fehlt noch mehr. *Es fehlt ihm die Voraussetzung dazu, geistliche Wahrheit* überhaupt *zu erfassen.* »Er kann es nicht erkennen, denn es muss geistlich verstanden sein.« Er versteht vom Wirken des Geistes Gottes ebenso wenig wie ein Embryo im Mutterleib vom Leben auf dieser Erde. »Es sei denn, dass jemand von neuem geboren werde, so kann er das Reich Gottes nicht sehen« (Joh. 3,3). Selbst in einem anspruchsvollen Symphoniekonzert bleibt ein Taubstummer unberührt, und kein noch so schöner Sonnenuntergang kann einem Blinden ein Wort des Staunens entlocken. Beiden fehlt das Organ zur Wahrnehmung.

Unter einem ähnlichen Mangel leidet der »natürliche« Mensch, wenn es um geistliche Dinge geht. Er kann die Texte der Bibel grammatikalisch, etymologisch, mit allen Hilfsmitteln der Literaturwissenschaft erfassen, er kann auch die geographischen und historischen Zusammenhänge herausarbeiten und die ethischen Lehren der Schrift verstehen; aber ihr geistlicher Gehalt bleibt ihm verschlossen. Es ist ihm unmöglich, diesen Gehalt sich selbst und anderen Menschen aufzuschließen. Deshalb kann ein Analphabet, der in Gemeinschaft mit Jesus Christus steht, ein zuverlässigerer Führer in geistlichen Dingen sein als etwa ein brillanter Theologieprofessor, der dieses Leben mit Jesus nicht kennt. Theologische Bildung allein ist keine ausreichende Qualifikation für den Dienst am Wort.

Der Engländer William Wilberforce war ein überzeugter Christ und setzte sich für die Sklavenbefreiung ein. Außerdem lag ihm am geistlichen Wohlergehen des späteren Premierministers von Großbritannien, William Pitt, der mit 25 Jahren dieses hohe Amt übernahm. Wilberforce überredete also den jungen Pitt, an einer Hausversammlung teilzunehmen. Er wünschte brennend, dass Pitt sich nach dieser Versammlung bekehrte, zumal sie einen bekannten Gast als Redner erwarteten.

Wilberforce erzählt später, er habe selten so kraftvoll, so logisch, so vom Geist Gottes geleitet reden hören. Musste Pitt nicht davon bewegt werden?

Als sie die Versammlung verließen und Wilberforce ihn fragte, schwieg Pitt einen Augenblick und antwortete dann: »Um Ihnen die Wahrheit zu sagen, ich habe konzentriert zugehört, aber ich habe einfach nicht begriffen, worauf er hinaus wollte.«

So gut und geistlich auch gepredigt worden war, so aufrichtig Pitt auch zugehört hatte – es mangelte ihm an der Fähigkeit, geistliche Wahrheit zu erkennen.

Zur Gruppe des natürlichen Menschen gehören also auch jene, die kultiviert, gebildet, intellektuell und vielleicht sogar noch religiös sind. An sie wendet sich Paulus in dieser Bibelstelle tatsächlich in erster Linie. Aber in Wirklichkeit ist es gleich, ob jemand gebildet ist oder nicht, ob er Analphabet, asozial oder kriminell ist oder nicht – trotz großer Unterschiede fehlt ihnen das Gleiche: der Sinn und die Fähigkeit, geistliche Wahrheit zu empfangen und zu erkennen. Es fehlt ihnen die Antenne dafür.

Was Paulus im ersten Korintherbrief (10,11) sagt, berechtigt uns, ein alttestamentliches Bild zu gebrauchen: Der »natürliche Mensch« lebt *in Ägypten,* in der Sklaverei, unter der Herrschaft Satans. Er arbeitet emsig unter seinem harten Herrn und erhalt dafür die Peitsche. Sein größtes Verlangen ist es, von den Ketten seines grausamen Meisters befreit zu werden und aus Ägypten herauszukommen.

Zweitens:

Der fleischliche Mensch

Mit dem Wort *sarkikos = fleischern* kennzeichnet Paulus die Menschen der zweiten Gruppe: »Und ich, liebe Brüder, konnte auch mit euch nicht reden als mit geistlichen Menschen, sondern als mit fleischlichen, wie mit jungen Kindern in Christus.« Die »lieben Brüder«, die Paulus hier anspricht, standen unter der Herrschaft ihrer unbekehrten Natur, ihres Charakters, ihres natürlichen Wesens. Durch seinen Glauben lebt der (fleischliche) Mensch in Gemeinschaft mit Christus; aber das genügt ihm nicht. Für ihn heißt es immer »Christus und ...«. Er kann nicht wirklich fröhlich sein, wenn er nur irdische Güter hat. Sie genügen ihm nicht. Er ist aber auch nicht zufrieden, wenn er bei Jesus ist. »Jesus allein« genügt ihm auch nicht. Seine Freude ist geteilt. Er will immer »sowohl – als auch«. So ist er zwar dem natürlichen Menschen, der ja die Gemeinschaft mit Christus nicht kennt, haushoch überlegen, weil er im Gegensatz zu ihm geistliches Leben hat. Aber er ist gespalten, das geistliche Leben kann sich nicht entfalten. Unsere Bibelstelle charakterisiert ihn als geistlich unmündig, als *»geistliches Kind« – 1. Korinther 3,1.*

Der fleischliche Christ ist ein Glaubender, der aufgrund der vielen Jahre seit seiner Bekehrung feste Speise zu sich nehmen sollte und keinen Kinderbrei. Er ist aber geistlich ein Zwerg, ein Baby. Zehn Jahre nach seiner Bekehrung redet und betet er noch so wie am Anfang – unsicher tappend, abhängig von seinen Lehrern, womöglich noch von dem, der Anlass zu seiner Bekehrung gewesen ist und den er immer noch nachahmt. Die Worte eines Kindes haben ihren Charme; aber das, was den Liebreiz beim Kind ausmacht, wirkt beim erwachsenen Menschen seltsam, tragisch.

Dieser unausgereifte Christ *braucht ständig die geistliche Unterstützung von anderen.* Er braucht Menschen um sich, die sich seine Sorgen anhören, und in seiner eigenen Hilflosigkeit ist er unfähig, anderen zu helfen. Seine eigenen Freuden und Leiden beanspruchen ihn so sehr, dass er weder Kraft noch Neigung verspürt, sich um andere zu kümmern.

Wie ein Kind neigt er dazu, in Kleinigkeiten *empfindlich und streitsüchtig* zu sein. Er ist ein Unruheherd in der Gemeinde. Tiefere Wahrheiten in der Schrift interessieren ihn nicht sonderlich. Doch er wird immer bereitwillig über Unwesentliches streiten, Wortklauberei betreiben und um nebensächliche Dinge kämpfen.

In seinem geistlichen Leben lässt er sich auch von ungeistlichen, »natürlichen« Beweggründen und Gefühlen leiten. Folglich reagiert er auch ungeistlich: Er ist beleidigt, wo man es gar nicht für möglich halten könnte und oft nur schwer wieder zu besänftigen. Wer mit ihm arbeitet, muss aufpassen, dass er ihn in seiner Überempfindlichkeit nicht verletzt.

Er leidet an *geistlichen Verdauungsstörungen.* Wahrend er aufgrund seines Alters und seiner Lebenserfahrung längst anderen die feste Speise des Wortes Gottes reichen sollte, muss er selbst noch mit Flaschenmilch ernährt werden. Andere bereiten sie zu, füllen sie in die Flasche, geben die Flasche dem Kind. So abhängig ist der fleischliche Christ von menschlichen Lehrern, von denen er sich seine geistliche Nahrung holt. Auf die Bibel selbst hat er wenig Appetit. Er ist absolut unfähig, der Schrift selbst Nahrung abzugewinnen. Ein anderer muss es für ihn tun. Aber er wird sich beklagen, wenn ihm dieser andere dann feste Speise gibt anstatt nur Milch.

Sobald er auf *sich* allein gestellt ist, außerhalb der Gemeinschaft mit Christen, hat er kein geistliches Fundament. Er welkt dahin oder fällt in sein altes Leben zurück. So sind *Sektiererei, Streitsucht, geistliche Niederlagen* und *Weltlichkeit* seine großen Gefahren.

Sektiererei – 1. Korinther 3,4. In seiner Abhängigkeit neigt der fleischliche Christ dazu, menschlichen Führern zu huldigen und ihnen nachzufolgen und dabei einer engen Sektiererei zu verfallen. »Einer sagt, ich bin paulisch; der andere: ich bin apollisch – ist das nicht menschlich geredet?«

Sektiererei ist geistlich gesehen kindisch. Sektiererische Reden sind ebenso kindisch wie die Schmeichelei gegenüber den Führern in der Gemeinde. Wir sollen loyal mit ihnen umgehen; dann werden wir feststellen, dass unsere geistlichen Sympathien umso weiter werden, je enger wir mit unserem Herrn leben. Wahres geistliches Leben vertieft unsere Gemeinschaft und führt uns zur Erkenntnis eines wirklichen Einsseins aller Gläubigen in Jesus Christus.

Seiner eigenen Gruppe gegenüber ist der fleischliche Christ oftmals von einer geradezu verblüffenden Loyalität. Er fördert sie nach Kräften. Aber sobald ihre Aktionen – Evangelisation und Außenmission – über den eigenen Kreis hinausgehen und Gefahr laufen, andere Gruppen zu fördern, wird er alles daran setzen, diese Initiativen in der Gemeinde zu ersticken. Das ist Sektiererei.

Streitsucht – 1. Korinther 3,3. »Denn wenn Eifersucht und Zank unter euch sind, seid ihr dann nicht fleischlich?« Eifersucht und Zank sind die natürliche Folge »fleischlichen« Wesens. Wer *nicht nur* auf Jesus Christus, *sondern auch* auf Menschen baut, wird innerhalb seiner Gemeinde Cliquen und Parteien bilden, um seine Ansichten zu verfechten. Und um seine Ziele zu erreichen, läuft er Gefahr, sich zweifelhafter Methoden zu bedienen. Wie oft sind Nichtchristen beunruhigt über das, was sich hinter den Kirchenmauern alles abspielen könnte. Grund dieser Beunruhigung sind nicht immer die Aktivitäten des geistlichen Menschen. Der fleischliche Christ kann sich nicht am Erfolg seines Mitchristen freuen. Er empfindet ihn als Rivalen. Und er kann das Wachstum einer Nachbargemeinde nicht ertragen, ohne negative Ursachen dafür zu vermuten – die gleichen, die sein eigenes geistliches Leben beeinträchtigen.

Geistliche Niederlage – Römer 7,14–15. So belastet ihn oft die eigene Sünde. »Ich aber bin fleischlich, unter die Sünde verkauft«, bekennt Paulus. »Denn ich tue nicht, was ich will, sondern was ich hasse, das tue ich«. »Christus und ...« – die Halbheit macht ihn launisch. Habsucht, Eifersucht, Stolz und Lieblosigkeit sind seine besonderen Gefahren. Sein Gebetsleben ist unbeständig, und schließlich meidet er das Gebet. Das hat zur Folge, dass nicht er Herr der Versuchung wird, sondern dass sie ihn zu beherrschen beginnt.

Weltlichkeit – 1. Korinther 3,3. Der »fleischliche Mensch« lebt im Wesentlichen wie der »natürliche Mensch.« »Seid ihr da nicht fleischlich und wandelt nach menschlicher Weise?«

Er wird häufig von den gleichen Wünschen beherrscht und besitzt die gleichen Maßstäbe und die gleichen Antriebskräfte wie der Weltmensch. Es besteht kaum ein Unterschied zwischen ihrer beider Leben. Sein Herz hat mit seiner Weltliebe niemals gebrochen. Während er vorgibt, mit Christus gestorben zu sein (Römer 7,4), lebt er ein Leben der Untreue, liebäugelt mit dem größten Feind seines geliebten Herrn und vergisst dabei, dass »die Freundschaft mit der Welt Feindschaft gegen Gott ist« (Jak. 4,4). Obwohl der fleischliche Mensch wirklich Christ ist – er hat Zugang zum Leben mit Jesus durch den Glauben –, betrübt er dennoch unaufhörlich den Heiligen Geist durch sein »und ...«, durch seine Halbheiten; er unterdrückt den Heiligen Geist in seinem Herzen mit dem Ergebnis, dass dessen Kraft nicht voll in ihm wirksam sein kann.

Um nochmals auf das alttestamentliche Bild zurückzukommen: Der fleischliche Christ *lebt in der unfruchtbaren Wüste,* zwischen Ägypten und Kanaan, in einer Gegend, wo er sich weder an die Ordnungen des Sklavendaseins noch an die der Freiheit halten kann. In dem einen Augenblick steht er an der Grenze zum gelobten Land, um sich im nächsten durch die Erinnerung an Vergangenes in das Gebiet des Feindes, Ägypten, zurücklocken zu lassen. Er wird ständig zwischen beiden hin- und hergerissen.

Die Erinnerung an das Fleisch, die Zwiebeln, den Knoblauch in Ägypten ist ihm noch lebendig und lässt ihn nur mit eigentümlichem Widerwillen von den Trauben, der Milch und dem Honig im Lande Kanaan kosten. Es gibt Versammlungen, da sehnt er sich nach dem Sieg Kanaans. Aber sobald er sich dem gewohnten Schauplatz seines Alltags wieder zuwendet, kann er dem Köder Ägyptens nicht widerstehen. Und wenn er sich unbeobachtet fühlt, *ist* er sogar zu einem heimlichen Ausflug ins Gebiet des Feindes imstande.

Drittens:

Der geistliche Mensch

Das Wort *pneumatikos = geistlich* gebraucht Paulus, um den Menschen zu charakterisieren, dessen Leben unter der Führung des Heiligen Geistes steht. Er ist nicht nur mit Christus verbunden, sondern auch ganz von ihm erfüllt. Weil er in einer gesunden Beziehung zum Heiligen Geist lebt und seiner Führung gehorcht, kann der Geist ihn leiten und durch ihn auf eine Weise arbeiten, wie es bei einem »fleischlichen« Menschen nicht möglich wäre.

So kann der Heilige Geist, ungehindert durch fleischliches Wesen, Christus in einem solchen Menschen Gestalt werden lassen, ihn zum Dienst ermächtigen und ihm bleibenden Sieg über Versuchung und Sünde verleihen.

Der geistliche Mensch zeichnet sich aus durch:

Reife – Hebräer 5,14. »Feste Speise aber gehört den *Gereiften;* sie haben durch steten Gebrauch geübte Sinne und können Gutes und Böses unterscheiden.«

Reife ist der Grundgedanke dieser Bibelstelle. Der geistliche Mensch ist kein Kind mehr, er braucht weder Flasche noch Schnuller. Er findet Geschmack an fester Speise. Wenn er auch alles, was er von begabten Lehrern lernen kann, dankbar aufnimmt – abhängig ist er von ihnen nicht.

Er erkennt, dass die Gemeinde Christi die Gläubigen aller Nationen und Benennungen umfasst, er baut rassistische und nationale Schranken ab und meidet die Sektiererei. Seine Interessen sind global, denn »das Feld ist die Welt«.

Er neigt nicht zur Streitsucht, tritt aber aus innerer Überzeugung ernsthaft für den Glauben ein.

Sein christliches Leben ist dynamisch, nicht statisch. Er bleibt nicht beim ABC der Lehre Christi stehen, sondern geht der vollen Reife entgegen (Hebr. 6,11). Täglich bringt er weitere Gebiete unter die Herrschaft seines Meisters.

Erkenntnis – 1. Korinther 2,15. Der geistliche Mensch verfällt keiner Irrlehre, denn »er ergründet alles«. Der uneingeschränkt wirkende Geist Gottes warnt ihn, wenn der Geist des Irrtums naht. Er erkennt falsche Lehre in Büchern oder Predigten. Aber während er »alles ergründet« – den Geist Gottes kritisiert und beurteilt er nicht, denn seine Kenntnis von den Dingen des Geistes empfängt er als Gabe des Geistes. Nur so ergründet er »alle Dinge«. Daher besitzt er auch die

Fähigkeit zu lehren – Hebräer 5,12–14 – als ein Mündiggewordener. Der geistliche Mensch, der sich nicht mehr mit seinem eigenen geistlichen Zustand abplagen muss, ist imstande, anderen die geistliche Lehre, die er selbst empfangen hat, weiterzugeben. Der Tadel: »... die ihr längst Lehrer sein solltet, habt es wieder nötig, dass man euch die Anfangsgründe der göttlichen Worte lehre...« betrifft ihn nicht. Er versteht es, mit dem Wort von der Gerechtigkeit (Vers 13) angemessen umzugehen. Das muss nicht unbedingt öffentliches Lehren des Wortes Gottes heißen, aber jedenfalls die Fähigkeit, anderen geistliche Wahrheit begreiflich zu machen, ob öffentlich oder privat. So fällt er auf durch sein

Anderssein – 1. Korinther 3,3. Er »lebt nicht nach (allgemein üblicher) menschlicher Weise«. Seine Art zu leben unterscheidet sich grundsätzlich und radikal von der des Weltmenschen und sogar von der des fleischlichen Menschen. Er lebt auf einer anderen Stufe geistlichen Lebens. Er erfährt »das Leben in seiner Vollendung«, »das Leben aus der Fülle«. Die Welt ist machtlos in ihrem Bemühen, ihn von Christus loszureißen, in dem er ja gerade unendliche Freude und Befriedigung findet. Er steht unter der Herrschaft der zukünftigen Welt und ist für die Welt

ein Rätsel – 1. Korinther 2,15. Der »natürliche« und der »fleischliche« Mensch sind absolut unfähig, den »geistlichen« Menschen zu verstehen, dieser wird »von niemand ergründet«. Die Welt kann seine Interessen und Ziele nicht begreifen. Er besitzt eine dauerhafte Freude, selbst unter harten Schicksalsschlägen, und hierfür kann die Welt keine befriedigende Erklärung finden.

Fruchtbarkeit – Galater 5,22.23. Weil er unter der Herrschaft des Heiligen Geistes steht, trägt er die Frucht des Geistes und tut in der Kraft des Geistes fruchtbaren Dienst.

Wenn der Meister zu seinem Baum kommt, findet er nicht nur Blätter, sondern auch reife, saftige Frucht.

Um wieder mit dem alttestamentlichen Bild zu sprechen: der geistliche Mensch *lebt in Kanaan,* dem Gelobten Land. Dem alten, unbefriedigenden Leben Ägyptens und in der Wüste hat er auf ewig Lebewohl gesagt. Zwischen ihm und dem Leben in der ägyptischen Knechtschaft liegt das Rote Meer. Zwischen ihm und dem wechselseitigen Leben von Sieg und Niederlage in der Wüste fließt der Jordan, der Fluss des Todes. Das alte Leben berührt den nicht mehr, der den Jordan überschritten hat. Stattdessen genießt er ein Leben der Freiheit und des Sieges unter der Leitung Jesu, des himmlischen Josua. Unter dem Schutz seines neuen Führers fallen die bisher unüberwindbaren Mauern »Jerichos«.

Und wir? Es bleibt uns überlassen herauszufinden, zu welcher Kategorie von Menschen wir gehören, auf welcher geistlichen Stufe wir leben – auf der »natürlichen«, der »fleischlichen« oder der »geistlichen«. In welchem Lande wir leben – in Ägypten, in der Wüste oder in Kanaan.

Wenn wir zur ersten Gruppe gehören, also noch keine Wiedergeburt erlebt haben, so sagt uns die Bibel: *Durch das Sühneopfer Christi, des Lammes Gottes, ist der Weg in die Freiheit offen.* Wir können Ägypten verlassen und der Knechtschaft Pharaos entfliehen. »Wie viele ihn aber aufnahmen, denen gab er Macht, Gottes Kinder zu werden, die an seinen Namen glauben« (Joh. 1,12).

Wenn wir »ihn aufnahmen«, aber einsehen müssen, dass wir noch auf uns selbst vertrauen, also »fleischlich« sind und nur die Wüste und ein Leben beständiger Niederlagen kennen, gibt es für uns die Verheißung, dass wir *das Leben aus der Fülle kennen lernen.* Wir können aus der »fleischlichen« auf die geistliche Erfahrungsebene überwechseln.

Wir wachsen nicht automatisch von einer Ebene auf die andere, wie auch Israel nicht von selbst aus der Wüste in das Land Kanaan hineinwuchs. Für uns wie für Israel bedarf es eines Glaubensschrittes.

Sie traten heraus aus der Wüste, hinein in das Land Kanaan, und der Übergang bedeutete für sie:

a) *Sündenerkenntnis* und *Sündenbekenntnis*, weil sie dem Herrn ungehorsam waren und sich geweigert hatten, in das Gelobte Land zu gehen;

b) die *Bereitschaft, sich dem Willen Gottes unterzuordnen,* wie er ihnen durch seinen Knecht Josua offenbart ist: mit dem alten Leben brechen und das neue Leben wagen;

c) einen *Glaubensschritt.* Mit keiner anderen Garantie als der bloßen Verheißung Gottes mussten die Priester den Schritt in die tosenden Wasser des Jordan wagen, bevor sich ihnen das Schauspiel der göttlichen Kraft bot und die Wasser sich teilten. Es bleibt uns überlassen, denselben entscheidenden Schritt, den die Priester taten, auch zu wagen. Es wird ein Schritt blinden Glaubens sein, getragen von dem Bewusstsein großer Freude im Lande der Verheißung.

2. Der Schatten des Ichs

»Will mir jemand nachfolgen, der verleugne sich selbst und nehme sein Kreuz auf sich und folge mir nach.« (Matth. 16,24)

Der unvergleichliche italienische Künstler Michelangelo hatte die Angewohnheit, bevor er sich an seine Bildhauerarbeit begab, eine kleine Lampe an seiner Kopfbedeckung anzubringen, damit nur nicht sein eigener Schatten auf die Statue fiele und ihn daran hinderte, sein Werk zur höchsten Vollendung zu bringen.

Oft fällt der Schatten unseres Ichs auf unseren besten Dienst für den Meister, engt dessen Wirkungskraft ein und raubt ihm seinen Ruhm. Es wird deshalb für uns von großem Nutzen sein, die Raffinesse unseres Ichs zu entlarven und das Geheimnis seiner praktischen Kreuzigung aufzudecken.

Mit Recht wird behauptet, dass kein Zweig der Erkenntnis so vernachlässigt wird wie die Selbsterkenntnis. Alle anderen Formen der Erkenntnis bringen dem Besitzer Ruhm ein, aber die Selbsterkenntnis demütigt den, der schonungslos ehrlich mit sich selbst ist. »In mir, das heißt in meinem Fleisch (Ich), wohnt nichts Gutes«, bekennt Paulus.

Es ist keine leichte Aufgabe, diesen vernachlässigten Erkenntnisbereich zu erforschen; das kann nur im Licht des Geistes Gottes und seines Wortes gut gehen. Das unerlöste Ich wird seine eigene Hässlichkeit wohl kaum preisgeben.

»Es gibt keine schwerere Lektion im Leben eines Christen als die der wahren Erkenntnis dessen, was das Ich ist«, schrieb Andrew Murray, »seine schreckliche Kraft, seine geheimen und universalen Spielregeln und der blindmachende Einfluss, den es auf uns ausübt und uns von der Erkenntnis dessen, was es in Wahrheit ist, abhält.« Wir wollen den Heiligen Geist um Hilfe bitten, wenn wir uns daranmachen, dieses Ich zu entdecken.

Was ist das Ich?

In der Sprache der Bibel ist das Ich »das Fleisch«, »der fleischliche Geist«. Es ist das ganze Leben der Natur, ob gut oder böse; alles, was wir durch unsere natürliche Geburt empfangen haben. Dieses Ich-Leben ist der unerbittliche Feind des Lebens Christi im Gläubigen, denn die fleischliche Natur kämpft leidenschaftlich gegen den Geist, wie auch der Geist gegen das Fleisch kämpft: »dieselben sind widereinander« (Gal. 5,17). Jemand nannte das Ich »des Teufels eigentliche Werkstatt, die Festung Satans in der Seele«. Auch wenn die gröbsten Übel aus dem menschlichen Herzen ausgetilgt sind, bleibt dennoch das Ich, um Christi Anspruch auf den Thron des erlösten Lebens streitig zu machen und ihn widerrechtlich an sich zu reißen. Das unerlöste Ich macht sich des Hochverrats gegen den König aller Könige schuldig und verdient deshalb den Tod.

Die Raffinesse des ichbezogenen Lebens liegt darin, dass es uns mit Erfolg blind macht gegenüber unserer eigenen wahren Natur. Während seine Auswirkungen für den Beobachter schmerzlich offenkundig sind, mag das Opfer selbst davon gar nichts wahrnehmen. Aber das Gift, das man weder riecht noch schmeckt, ist ja am gefährlichsten. In welcher Form es sich auch kundtut, ob in einem Ausbruch von Sinnlichkeit oder in religiöser Sittenstrenge, das ichbezogene Leben heißt Verdammnis, denn »die im Fleische wandeln« – unter der Herrschaft des Ichs – »sind Gott nicht wohlgefällig«.

Wie äußert sich das Ich?

Zahllose tückische Formen scheinbarer Wahrheit nimmt es an. Es kann sich unter dem Deckmantel der Güte verbergen und sich wie ein Chamäleon jeder beliebigen Umgebung anpassen. Es kann beten und predigen wie ein Engel; es kann anmutig und edelmütig sein. Aber es beschmutzt und verdirbt alles, womit es in Berührung kommt.

Der Meistertest des unerlösten Ichs sieht so aus: überall, wo und wie es auftritt, ist es das Gegenteil von dem, was uns in Christus während seines Erdendaseins begegnet. Es ist der Unterschied zwischen dem »fleischlichen Geist« und dem »Geist Christi«. Wie ein Lichtstrahl, der auf ein Prisma fällt, in seine Grundfarben zerfällt, so löst sich auch das ichbezogene Leben, durch das Prisma des reinen und heiligen Wandels Christi auf Erden betrachtet, in seine vielen widerwärtigen Bestandteile auf. Wir wollen diese dem »Geist Jesu Christi« gegenüberstellen, denn die Erkenntnis dessen, was uns Not tut, wächst mit der Erkenntnis unseres Ichs.

Eigenwille. Die erste und auch wichtigste Äußerung ist der Drang, unsere eigenen Wege zu gehen, uns durchzusetzen. »Ein jeglicher sinnt auf seinen Weg« (Jes. 56,11). Eltern wissen, wie frühzeitig sich der Eigenwille im Kind entwickelt. Catharine Booth hat behauptet, dass der entscheidende Kampf um ihren Sohn, den verstorbenen Heilsarmeegeneral Bramwell Booth, bereits begonnen hatte, als er kaum sechs Wochen alt war. Das unerlöste, auf sich selbst konzentrierte Ich wird keine andere Autorität dulden außer seiner eigenen und folgt in fester Entschlossenheit seinem eigenen Willen, auch wenn es dabei Gott ungehorsam ist, der Menschheit trotzt, andere verletzt und sich selbst schadet. Seine Parole lautet: »Ich will!«

Ganz anders verhält sich der Sohn Gottes, dessen Losung heißt: »Denn ich suche nicht meinen Willen...« (Joh. 5,30).

Selbstsucht. Das unerlöste Ich giert nach Bewunderung und Anerkennung. Es sucht sein eigenes Vergnügen und seinen Ruhm. Es wird so lange nicht ruhen, bis es Macht und Berühmtheit erlangt hat. Es sonnt sich in dem Gefühl, Mittelpunkt jeglicher Attraktion zu sein. Es greift begierig nach allem, was seine Interessen fördern oder seine Rivalen ausstechen könnte, und brüstet sich mit den eigenen Erfolgen. Auch nach der Fülle des Geistes streckt es sich aus ehrgeizigen und selbstherrlichen Motiven aus, wenngleich unter Umständen sogar unbewusst. Es ist unaufhörlich auf der Suche nach großen Dingen für sich selbst.

Ganz anders verhält sich der Sohn Gottes, der sagt: »... ich suche nicht meine Ehre...« (Joh. 8,50).

Geltungsbedürfnis. Das am meisten gebrauchte und am härtesten verteidigte Wort aus dem Wortschatz des Ichs ist die erste Person Einzahl der »persönlichen Fürwörter«. Das Ich ist der irrigen Meinung, dass andere genauso sehr an ihm und seinen Erfolgen interessiert sind wie es selbst. Keine Stimme hört es lieber als die eigene, und so reißt es jede Unterhaltung an sich und lauscht den anderen nur, um sie auszustechen. Immer weiß es eine bessere Geschichte zu erzählen, über eine noch schlimmere Krankheit zu berichten oder eine noch wirkungsvollere Arznei zu verordnen. Der Versuch, der Unterhaltung eine andere Richtung zu geben, scheitert todsicher: Immer wird das Ich zu seinem eigenen Thema zurückkehren, wie die Magnetnadel zum Magneten.

Ganz anders unser Herr, der von sich sagte: »... ich bin sanftmütig und von Herzen demütig« (Matth. 11,29).

Nachsicht mit sich selbst. Das unerlöste Ich wird von seinen Wünschen getrieben und nicht von seinem Verstand. Etwas haben wollen, bedeutet schon, es zu besitzen. Seine Wünsche müssen stets erfüllt werden. Es bleibt kein Raum für Verzicht oder Disziplin in der Philosophie des Ich-Lebens. Wie die Tiere lässt es sich von seinen Bedürfnissen leiten, gleichgültig, ob es Sünde ist oder nicht. Auch dem gesunden Appetit gegenüber wird so viel Nachsicht geübt, dass er zur Tyrannei wird.

Ganz anders der eine, der niemals Dinge tat, nur weil sie ihm gefielen, sondern der von sich sagen konnte: »... ich tue allezeit, was ihm (meinem Vater) gefällt« (Joh. 8,29).

Selbstmitleid. Das unerlöste Ich liebt es, Mitleid zu erregen und dadurch Sympathien zu wecken. Es beklagt sich oft über die Lebensumstände und tut sich ständig und unüberhörbar selbst Leid. Es übertreibt seinen Kummer, seine Leiden und bläst Unbequemlichkeiten zu Katastrophen auf, damit andere sein hartes Los mit ihm teilen. Der arme Geschäftsmann muss sich geduldig den ganzen Jammer anhören, sonst verliert er seinen besten Kunden.

Der Sohn Gottes war auch solchen Versuchungen ausgesetzt. Einmal sagte Petrus in der besten Absicht zu ihm: »Gott bewahre dich, Herr! Das widerfahre dir nur nicht!«

Seine wohlgemeinten Worte ließen den Meister darauf antworten: »Hebe dich von mir, Satan! Du bist mir ein Ärgernis; denn du meinst nicht, was göttlich, sondern was menschlich ist.« Jesus wusste, dass das Selbstmitleid satanischen Ursprungs ist. Und den Frauen, die ihn auf dem Wege nach Golgatha beweinten, sagte er, um sie von sich fernzuhalten: »Weinet nicht über mich« (Luk. 23,28).

Selbstbewusstsein. Selbstbewusstsein gehört zum Menschsein, es gehört zum erlösten Menschen wie zum unerlösten. Beide speisen ihr Selbstbewusstsein aber aus grundverschiedenen Quellen. Der erlöste nimmt sein Selbstbewusstsein aus der Gnade Gottes, die ihn erlöst hat. Beim unerlösten entspringt es dem Stolz auf sich selbst. Sein Ich kann sich keinen Augenblick vergessen. Er ist ständig damit beschäftigt, sich selbst zu photographieren und den Film zu entwickeln. Er ist leicht verwundbar, fühlt sich ohne Grund geringgeachtet und ist ebenso schwer zu versöhnen. Sein Ich ist oft in Tränen aufgelöst, hüllt sich in Schweigen und zieht einen Schmollmund.

Christus war auch selbstbewusst, aber ganz anders! »Und da Jesus wusste, dass ... er von Gott gekommen war und zu Gott ging, stand er vom Abendmahl auf, legte seine Kleider ab und nahm einen Schurz und umgürtete sich ... und hob an, den Jüngern die Füße zu waschen« (Joh. 13,3–5). Sein Selbstbewusstsein äußerte sich in Selbstverleugnung.

Selbsterniedrigung. Gelegentlich hält das Ich es für vorteilhafter, seine eigene Unfähigkeit groß herauszustreichen, besonders dann, wenn irgendeine ihm nicht willkommene Arbeit, die eventuell Selbstverleugnung erfordert, sich anbietet. »Andere eignen sich viel besser für diese Aufgabe.« Aber die Heuchelei und das Täuschungsmanöver treten schnell zutage, wenn irgendein anderer es wagt, das »liebe Ich« auf sein eigentliches Maß herunterzuholen.

»Nun, ich danke Gott, dass ich nicht stolz bin«, sagte ein Mann zu seinem Freund.

»Ich wäre es an deiner Stelle auch nicht«, lautete die Antwort; das hieß im Klartext: »Du hast nämlich gar keinen Grund, stolz zu sein.«

»Wieso?«, erwiderte der andere entrüstet (aha!). »Ich habe genauso viel oder so wenig Grund, stolz zu sein wie du.«

So ist unser Ich – deines und meines. Im Leben Christi kam solch ein Problem nie auf, denn sein ganzes Leben war eine beispiellose Selbsterniedrigung, und er begründet sie mit dem »... ich tue allezeit, was ihm (meinem Vater) gefällt« (Joh. 8,29).

Eigenliebe. Das menschliche Herz kann ins Zentrum seiner Liebe immer nur ein einziges Wesen stellen – Christus, das eigene Ich oder eine andere Kreatur. Das unerlöste Ich findet seine höchste Erfüllung immer nur in sich selbst. Wird es in Frage gestellt, so wird das Leben unerträglich. Das Motiv für christlichen Dienst ist dahin. Das Ich liebt andere nicht, um ihnen Freude zu machen, sondern um des eigenen Glückes und der eigenen Bequemlichkeit willen. Wenn das unerlöste Ich dient, sieht es mit »berechtigtem Stolz«, wie geschickt es sich verhalten hat. Es will unbedingt wissen, wie andere über seine Leistung denken. Dies ist auch der Grund, weshalb Gott manchmal mit seinem Segen zurückhalten muss, um menschliche Eitelkeit nicht noch mehr zu schüren.

Ganz anders der Sohn Gottes: Paulus sprach von »dem Sohn Gottes, der mich geliebt hat« – nicht sich selbst – »und sich selbst für mich dahingegeben« (Gal. 2,20).

Selbsterhöhung. Sobald Philippus den äthiopischen Eunuchen mit Christus bekannt gemacht hatte, trat er selbst bewusst in den Hintergrund. Die Seraphim mit ihren sechs Flügeln benutzen zwei davon, um ihre Schönheit zu verhüllen, und zwei, um ihren Dienst zu verbergen. Aber das unerlöste Ich beharrt mit eingebildeter Selbstgefälligkeit auf seinen Leistungen, auf die es die Aufmerksamkeit anderer lenkt. Es kann eine Predigt halten; zur Entscheidung für Christus auffordern, ein Solo singen; einen Menschen für Christus gewinnen – und dann nach Hause gehen, um sich selbst für seinen Erfolg zu beglückwünschen. Ganz anders der Meister, der »sich selbst entäußerte und Knechtsgestalt annahm« (Phil. 2,7–8).

Selbstgerechtigkeit. Das unerlöste Ich hasst nichts mehr, als wenn ihm Unrecht geschieht. In der Tat ist es beinahe unmöglich, dem Ich den Beweis zu erbringen, dass es im Irrtum ist. Dies ist auch der Grund, weshalb es sich kaum dazu bereit findet, Abbitte zu tun. Immer soll sich der andere bei ihm entschuldigen.

Das Ich ist immer mit einem plausiblen Grund für ein eigenes Versäumnis oder ein eigenes Versagen zur Stelle und ist erstaunlich wortgewandt und geschickt, wenn es gilt, sich selbst zu verteidigen und sein Handeln zu rechtfertigen. Mit äußerster Präzision erzwingt es sich sein Recht und sucht unaufhörlich, das ihm widerfahrene Unrecht zu rächen.

Obwohl unser Herr für jede gegen ihn gerichtete Anschuldigung die passende Antwort bereit hatte, lesen wir, dass »er seinen Mund nicht auftat, sondern stumm blieb wie ein Schaf, das zur Schlachtbank geführt wird«. Kein Wort der Selbstrechtfertigung kam über seine Lippen. Es war zu unserem Heil, dass dies so war; denn hätte er sein Recht durchgesetzt, wären wir nicht gerechtfertigt worden.

Selbstvertrauen. Wie Petrus, so vertraut das Ich auf seine Eigenständigkeit und sein gutes Urteilsvermögen. Was auch immer anderen zustoßen mag – das Ich wird sich nicht aus seiner Bahn werfen lassen. »Und wenn sie dich alle verlassen, so will ich dich doch nicht verlassen«, rühmte sich Petrus. Das unerlöste Ich braucht keinen, der klüger oder erfahrener ist, denn es findet Genüge in sich selbst. Die Worte unseres Herrn »ohne mich könnt ihr nichts tun« klingen in den Ohren des Ichs wie dichterische Freiheit, aber kaum wie Wahrheit. Und doch sagte der allmächtige Sohn Gottes ohne Einschränkung: »Ich kann nichts von mir selber tun« (Joh. 5,30).

Diese Aufzählung über die Äußerungen des Ich-Lebens könnte noch beliebig erweitert werden, aber vielleicht ist schon genug gesagt worden, um einige seiner Tücken und Bosheiten aufzudecken. Es ist unwahrscheinlich, dass dieses ungeschminkte Porträt deines und meines Ichs begeisterte Zustimmung finden wird, aber hat es nicht dennoch täuschende Ähnlichkeit? Vermittelt es uns nicht einen demütigenden Einblick? Ist es überhaupt verwunderlich, dass das unerlöste Ich – wie es die Schrift darlegt – in Gottes Augen einfach abscheulich ist, so dass er es an das Kreuz seines Sohnes nageln ließ? »Weil wir ja wissen, dass unser alter Mensch samt ihm gekreuzigt ist« (Römer 6,6).

Wie können wir Schluss machen mit dem Ich-Leben?

Hier gibt es keinen Kompromiss. Es muss ein Ende nehmen. Ähnlich wie der König der Amalekiter, Agag, wird es redselig seine Existenz verteidigen, aber diese Rechnung geht nicht unbedingt auf. »Saul«, der Mann, der unter der Herrschaft seines Ichs lebte, »verschonte Agag« bis zum Verlust seines Königtums und später seines eigenen Lebens, denn er wurde von einem Amalekiter erschlagen. Aber »Samuel, der Gottesmann, hieb Agag in Stücke«.

Theodor Monod stellt in seinem Gedicht »Das veränderte Motto« das Ich dar, wie es einen Kompromiss anbietet:

»Und mein zagendes Herz sprach leise:
Etwas von mir und etwas von dir.
Es könnte unter Zwang auch noch mehr zugestehen:
Weniger von mir und mehr von dir.«

Das Ich wäre gewillt, Christus die Rolle eines Repräsentanten zuzubilligen, etwa die des Bundespräsidenten, solange es selbst Kanzler sein und regieren kann. Aber dieses Angebot nimmt Christus nicht an. Hierauf gibt es nur eine annehmbare Antwort: Nichts von mir und alles von dir.

Wenn wir den Worten unseres Herrn glaubten, könnten wir uns davon überzeugen, dass der Tod des unerlösten Ichs der Weg zu unaussprechlichem, geistlichem Reichtum ist.

Als vor tausend Jahren Mahmoud mit seinem siegreichen Heer die indische Stadt Guzurat belagerte und sich den Weg zum kostbaren Schrein der Brahmanen erzwang, warfen sich diese vor ihm nieder und boten ihm ein hohes Lösegeld, wenn er nur ihren Gott verschonte, von dem das

Glück ihrer Stadt abhinge. Nach einer Weile erwiderte Mahmoud, er stehe lieber im Ruf eines Zerstörers als eines Verkäufers ihrer Götter, und zerschlug das Standbild. Da ergoss sich zu Füßen des Eroberers ein Strom kostbarster Perlen und Edelsteine. Das Standbild war innen hohl und als Behälter verwendet worden.

Solch ein Götzenbild ist auch das unerlöste Ich. Es ist hohl. In seinen Hohlräumen hat sich der Feind eingerichtet. Es schonen, hieße den Feind schonen, seine Kampfmittel, seine Reserven schonen.

Wie kann aber diesem Tyrannen die Herrschaft über das Ich entwunden werden, die er unrechtmäßig an sich gerissen hat? Wir können das nicht aus uns selbst vollbringen. Aber es gibt einen Weg, der in einer alttestamentlichen Geschichte, und zwar in 1. Kön. 1,5–38, aufgezeigt wird.

Wie wurde der Eindringling Adonia vom Thron, der rechtmäßig Salomo zustand, gestürzt? Durch die Krönung Salomos! Die Krönung Salomos bedeutete zwangsläufig auch die Entthronung Adonias. Jesus sagt: »Ich stehe vor der Tür und klopfe an. Wer mir auftut, zu dem komme ich...« Wenn Jesus hereinkommt, muss der am Kreuz besiegte Feind gehen. Sobald ich Jesus zu meinem Herrn mache, ihm die Regierung über mich übergebe, ist der Feind gestürzt.

»... der verleugne sich selbst«, sagte unser Herr, womit er meint:

»... der schaffe sein Ich aus der Mitte seines Herzens.« Das Verb drückt eine Augenblickssache und damit eine Krisensituation aus. Der Herrschaftswechsel kann in einem Nu geschehen.

3. In der Hand des Töpfers

»Dies ist das Wort, das geschah vom Herrn zu Jeremia: Mache dich auf und geh hinab in des Töpfers Haus; dort will ich dich meine Worte hören lassen. Und ich ging hinab in des Töpfers Haus, und siehe, er arbeitete eben auf der Scheibe. Und der Topf, den er aus dem Ton machte, missriet unter den Händen. Da machte er einen anderen Topf daraus, wie es ihm gefiel. Da geschah des Herrn Wort zu mir: Kann ich nicht ebenso mit euch umgehen, ihr vom Hause Israel, wie dieser Töpfer? spricht der Herr. Siehe, wie der Ton in des Töpfers Hand, so seid ihr vom Hause Israel in meiner Hand.« (Jer. 18,1–6)

Jeremia, der Prophet, ist tieftraurig. Trotz seiner eindringlichen Warnungen steuert sein Volk einen selbstmörderischen Kurs und treibt mehr und mehr von Gott weg. Alle Bemühungen, das drohende Unheil abzuwenden, haben sich als unnütz erwiesen. Aber in der Stunde größter Hoffnungslosigkeit schenkt Gott Jeremia eine Vision der Hoffnung, und zwar durch eine Szene aus dem Alltag. »Mache dich auf und geh hinab in des Töpfers Haus; dort will ich dich meine Worte hören lassen«, lautete die göttliche Aufforderung.

Wir wollen einmal den Versuch unternehmen, die Situation zu rekonstruieren, die zu dem Besuch in des Töpfers Haus führte, um zu erfahren, welche Lektion Gott damit seinem Knecht erteilen wollte. Dieses Symbol des Töpfers hat seinen Ursprung in dem Volk Israel. Dazu ausersehen, ein Gefäß zu Gottes Ehre zu sein, wurde Israel durch seinen Eigenwillen und seine Widerspenstigkeit zu einem unreinen Gefäß: die Israeliten hatten hartnäckig und verstockt alle guten Entschlüsse des göttlichen Töpfers abgelehnt. Aber selbst zu dieser späten Stunde erging an sie Gottes Botschaft: Wenn sich das Volk der Hand des Töpfers ausliefern wird, wird er aus ihm »ein neues Gefäß« nach seinem Wohlgefallen machen.

Das Gleichnis findet aber noch eine andere, nämlich persönliche Nutzanwendung – ein Volk setzt sich ja aus unzähligen Individuen zusammen –, und diese gibt uns neuen Mut.

Im Hause des Töpfers sah Jeremia drei Dinge, die wir auch heute noch in einer Töpferei finden können, weil es seitdem in der Töpferkunst erstaunlich wenig Veränderungen gegeben hat.

Da ist einmal *der Töpfer* selbst, ein Mann, der sein Handwerk beherrscht, der mit geschickten Händen und einer reichen Phantasie inmitten von lauter schönen und brauchbaren Gefäßen, den Werken seiner Hände, am Wirken ist.

Sein Gerät besteht aus einer runden *Scheibe,* die horizontal auf einer rotierenden Spindel angebracht ist. Je nachdem, wie stark das Fußpedal betätigt wird, dreht sich diese Scheibe schneller oder langsamer.

Dann erkennt man in der Hand des Töpfers einen Klumpen *Ton,* ein ganz gewöhnliches Material, ohne besonderen äußeren Reiz und ohne die Fähigkeit, etwas aus sich zu machen, und deshalb um so besser dazu geeignet, sich von dem Töpfer in eine Form bringen zu lassen, die dessen Vorstellung entspricht. Und so bearbeitet der Töpfer mit Hilfe seiner Scheibe den Ton und verleiht ihm die in seiner Phantasie schon fertige neue Form. Im himmlischen Auftrag steht nun der Prophet neben dem Töpfer und schaut ihm bei der Arbeit zu.

Töpfer – Scheibe – Ton

»Der Töpfer arbeitete eben auf der Scheibe« (V. 3). Der Künstler nimmt einen Klumpen Ton zur Hand, schneidet ihn in kleine Stücke, knetet und presst sie auf der Bank wieder zusammen, schneidet und knetet und formt und presst immer wieder im Wechsel, bis alle Blasen und Unebenheiten beseitigt sind. Nun nimmt er die so zubereitete Masse Ton, wirft sie in die Mitte der Scheibe, so dass sie dort haften bleibt und sich mit dem Rad dreht. Während der Umdrehung wird der Klumpen von den flinken Fingern des Meisters geformt, zuerst von außen, dann von innen, bis ein schönes, formvollendetes Gefäß aus dem nicht gerade vielversprechenden Klumpen Ton hervorgeht. Aber was sagt das alles über Gott und uns?

Gott selber ist der Töpfer! Der Prophet Jesaja lässt uns nicht im Zweifel darüber: »Aber nun, Herr, du bist doch unser Vater! Wir sind der Ton, du bist unser Töpfer, und wir alle sind deiner Hände Werk« (Jes. 64,8). Und welch ein einzigartiger Töpfer ist er doch!

Da gibt es keine falsche oder unüberlegte Bewegung seiner Hände. Er führt zur Vollendung, was er beginnt, und gibt nicht leichtfertig sein Vorhaben auf. Die Symbolgestalt des Töpfers mag furchterregend sein, weil der Ton gänzlich der Gnade des Töpfers ausgesetzt ist. Aber Jesaja versichert uns, dass Gottes Souveränität niemals mit seiner Vaterschaft in Konflikt gerät. Noch mehr: Der Fuß, der das Rad bedient, und die Hand, die den Ton formt, sind von Nägeln durchbohrt.

Der menschlichen Natur fällt es schwer, sich der absoluten Herrschaft Gottes zu unterwerfen, und sie besitzt die unheilvolle Neigung, selbst die Rolle des Töpfers übernehmen zu wollen. Wie oft nehmen wir unser – und anderer – Leben in unsere eigenen Hände und versuchen in unserer Überheblichkeit, unser – und anderer – Schicksal zu formen. Aber das führt unweigerlich ins Verderben. Wir haben zwar das Gottesgeschenk eines freien Willens, aber wir erkennen unsere wahre Bestimmung erst dann, wenn wir es gelernt haben, was es heißt: »Siehe, wie der Ton in des Töpfers Hand, so seid auch ihr in meiner Hand.« – »Wir sind der Ton, und du bist unser Töpfer.«

Und die sich drehende Scheibe? Ihre Bedeutung kann schwerlich besser gedeutet werden als durch die vielzitierten Worte Brownings:

... dieser Tanz formender Ereignisse ... dazu nütze, deiner Seele Halt zu geben; darum knete, presse, forme sie bis zur Vollendung. Das tägliche Leben mit allem, was es mit sich bringt, wird dargestellt durch die sich drehende Scheibe, auf der unser Wesen und unsere Persönlichkeit geformt werden und Gestalt gewinnen. Gottes ganzes wohlbedachtes Handeln mit uns dient der Vollendung seines Planes mit uns. Temperament und Umwelt, Furcht und Leid, Gedeih und Verderb, neues Leben und der Tod – alles dies ist die Scheibe, die sich auf die Bewegung des Fußes unseres Töpfers hin und unter seiner Kontrolle dreht. Wenn es keinen Plan hinter dem allen gäbe, wie könnten wir uns dann die erstaunliche Vielschichtigkeit unseres Lebens erklären?

Wenn es die Drehscheibe ist, auf der der Plan des Töpfers mit dem Klumpen Ton Gestalt gewinnt, bedeutet es dann nicht, dass sich alles Wehklagen über unser Schicksal in Wirklichkeit gegen den Töpfer richtet? Keine anderen Lebensumstände als die, in denen wir uns gerade jetzt befinden, könnten seinen göttlichen Plan für unser Leben zur Ausführung bringen. Was wir nötig haben, sind nicht so sehr andere Verhältnisse, als vielmehr eine andere Einstellung dazu.

Das Leben ist kein blindes Sichdrehen von Töpferscheiben, sondern ein wunderbares Mosaik von Situationen, die unser liebender Vater mit peinlicher Sorgfalt zusammensetzt und in Gang hält. Sich dagegen aufzulehnen, würde uns nur unglücklich machen und das Gefäß unseres Lebens verunreinigen.

Und der Ton? »Gedenke doch, dass du mich aus Lehm gemacht hast, und wirst mich wieder zu Erde machen«, sagte Hiob (10,9) – eine Feststellung, die der Wahrheit entspricht, denn es war Erde, aus der Gott den ersten Menschen formte. »... so vergehen sie und werden wieder zu Staub« – Erde – Ton – daraus ist die menschliche Natur, das Rohmaterial für das Königreich Gottes.

Der Wert des vollkommenen Gefäßes liegt nicht im Ton, sondern in der Kunst des Töpfers. Die Kunst ist es, die den Wert ausmacht, nicht das Material. Unbehandelt und sich selbst überlassen würde Ton nur Ton bleiben. Den formenden Händen des Töpfers ausgeliefert, sind den Möglichkeiten zur Gestaltung keine Grenzen gesetzt.

Wie der Ton, so besitzt auch das menschliche Leben unendlich viele Gestaltungsmöglichkeiten. Geologen bestätigen, dass es eine Unzahl verschiedenartigen Tons gibt, wobei jeder seine besondere lokale Eigentümlichkeit aufweist und keiner dem anderen hinsichtlich seiner Beschaffenheit und Verarbeitungsmöglichkeit gleicht. Der himmlische Töpfer, der auch weiß, dass es in seinem Schöpfungswerk keine Wiederholung gibt, behandelt auch uns nicht einen wie den anderen. Er schenkt jedem seiner Geschöpfe seine besondere Aufmerksamkeit. Seine Weise zu handeln ist immer einzigartig und einmalig.

Es wurde mit Recht der Einwand erhoben, dass der Vergleich, den wir hier aufzeigen, der Realität nicht entspricht, weil der Faktor der Selbstbestimmung und des eigenen Willens in der Beziehung zwischen Töpfer und Ton nicht sichtbar wird, wie es doch in dem Verhältnis zwischen Gott und den Menschen der Fall ist.

Die Kluft zwischen dem Töpfer und dem Ton ist wirklich größer als zwischen Gott und dem Menschen: Der Ton entspricht ja nicht dem Bilde des Töpfers, der Mensch hingegen ist nach dem Bilde Gottes geschaffen. So ist dem Ton zur Gestaltung der in der Phantasie des Töpfers entworfenen Form nur passive Ergebung vonnöten, während der göttliche Töpfer vom Menschen viel mehr, nämlich aktive Mitarbeit verlangt. Wo ihm diese versagt wird, verunreinigt sich das Gefäß. Es kann nicht vollkommen werden, wie der Schöpfer es will. Wir müssen empfindsam sein gegenüber seiner leisesten Berührung.

Der vorgefasste Plan

»Wie es dem Töpfer gefiel« (V. 4). Dass menschliches Leben mit einem Gefäß verglichen wird, ist uns von der Schrift her vertraut. Der Herr selbst sagte über Paulus: »... denn dieser ist mir ein auserwähltes Gefäß, dass er meinen Namen trage« (Apg. 9,15). Paulus sprach von der Möglichkeit, dass Gläubige »Gefäße zu ehrenvollem Gebrauch« sein könnten; »geheiligt, für den Hausherrn brauchbar...« (2. Tim. 2,21). Und in 2. Kor. 4,7 heißt es weiter: »Wir haben aber solchen Schatz in irdenen Gefäßen.«

Auf welches Ziel arbeitet der himmlische Töpfer hin? Welchem Zweck soll das Gefäß, das er formt, dienen? – Um seinen Namen an die äußersten Enden der Erde hinauszutragen, um den kostbaren Schatz der göttlichen Person Jesus Christus den Menschen nahe zu bringen und damit Gott »... durch uns den Wohlgeruch seiner Erkenntnis an allen Orten [offenbart]; denn wir sind Gott ein guter Geruch Christi...« (2. Kor. 2,14.15).

Der Ton selbst nimmt nicht den schönen Plan und den heilsamen Zweck wahr, den sich der Töpfer zuvor in seinem Geiste ausgedacht hat; er überlässt sich seiner Berührung, und so verkörpert der Ton die Gedanken des Töpfers vor denen, die das fertige Gefäß betrachten. Paulus deutet darauf hin, dass es der eigentliche Sinn und Zweck unserer Menschwerdung ist, Gott ein Mittel an die Hand zu geben, durch das er seine Gedanken sichtbar und spürbar machen kann. »Denn wir sind sein Werk, geschaffen in Christus Jesus zu guten Werken, welche Gott zuvor bereitet hat« (Eph. 2,10). Es spielt dabei keine Rolle, ob das Gefäß in der Küche oder im Festsaal gebraucht wird – wenn es nur für »den Hausherrn brauchbar« ist.

Das missratene Gefäß

»Und der Topf, den er aus Ton machte, missriet ihm unter den Händen« (V. 4). Während Jeremia über die Geschicklichkeit des Töpfers staunte und das Gefäß, das nun beinahe vollendet war, bewunderte, gab es plötzlich einen Riss, und das Gefäß zerbrach in den Händen des Töpfers und fiel in eine formlose Masse auseinander. Irgendein Fremdkörper war hineingeraten und hatte den Plan des Töpfers durchkreuzt. Der Prophet erwartete nun natürlich, dass der Töpfer das verdorbene Gefäß zum Abfall werfen und nach einem neuen Klumpen Ton greifen würde, das seinen formenden Händen besser standhielt. Aber zu seiner großen Überraschung nahm der Töpfer die auseinandergefallenen Stücke Ton, entfernte daraus die fremde Substanz und formte den alten Ton zu einem neuen Gefäß.

Der Fehler ist nicht etwa der Unvorsichtigkeit oder der Unfähigkeit des Töpfers zuzuschreiben. Kein Künstler verdirbt mutwillig sein eigenes Werk. Der Grund muss irgendwo anders liegen. Wenn es in unserem Lebenskampf am schlimmsten um uns steht, wenn der göttliche Plan für unser Leben undurchführbar wurde, wird Gott das alte, verdorbene Gefäß nicht etwa flicken. Die Ursache für das Missraten des Gefäßes muss gefunden und der Ton neu behandelt werden.

Dafür, dass die Form, die der göttliche Töpfer unserem Leben geben wollte, und damit das ganze Gefäß verdorben ist, gibt es vielerlei Gründe.

Einer ist der, dass wir *dem uns offenbarten Willen Gottes zuwiderhandeln.* Im Leben der meisten Menschen gibt es irgendein Gebiet, das sich zum Kampfplatz herausbildet. Bei dem einen sind es bestimmte Neigungen, bei dem anderen persönlicher Ehrgeiz. Menschen, die einen eigenen Lebensstil entfaltet haben, reagieren entrüstet auf die Einmischung eines Gottes, der souverän von ihnen verlangt, dass sie sich seinem Willen unterordnen. Der Ton ist mit den Jahren schon eine feste, steife Masse geworden, zu hart, um noch auf die formende Berührung des Töpfers zu reagieren.

Wir müssen, wenn wir Gefäße seiner Ehre und brauchbar für den Hausherrn werden wollen, die Waffen unserer Aufsässigkeit ihm zu Füßen legen.

Die heimlich geduldete Sünde kann eine weitere Ursache für das Misslingen sein. Das missratene Gefäß kann nach außen hin makellos erscheinen; der Fehler bleibt den Augen aller verborgen, nur nicht dem Großen Töpfer, der es geformt hat. Niemand außer ihm nimmt das geheime Liebäugeln mit der Sünde wahr, vielleicht nicht einmal wir selbst, obwohl sie sich schon in Phantasie und Herz eingenistet hat und dort gehegt und gepflegt wird. Auch eine heimliche Leidenschaft kann das Gefäß verunreinigen, eine böse Zunge und ein ungezügeltes Temperament.

Mangelnde Bereitschaft, mit der bewusst geschehenden Sünde zu brechen, kann das Gefäß verderben – mangelnde Bereitschaft, ein entschiedenes »Nein« zur Versuchung zu sagen; uns bei irgendjemand, dem wir Unrecht getan haben, zu entschuldigen; die Rückerstattung von unrechtmäßig erworbenem Besitz; jemandem vergeben, dem wir innerlich grollen; eine zweifelhafte Gewohnheit aufgeben; aufhören, Gott zu berauben, indem wir ihm endlich seinen Zehnten geben – eines oder all dies reicht aus, um die Form, die der Töpfer dem Ton geben wollte, zu zerstören.

Jede *exzentrische Bewegung* – hier wortwörtlich verstanden: sich aus der Mitte der Töpferscheibe herausschieben – wird das Gefäß verunstalten. Wenn es symmetrisch geformt werden soll, muss es fest im Mittelpunkt der Scheibe haften bleiben. Es ist denkbar, dass wir uns unbewusst aus der Mitte des Willens Gottes für unser Leben herausgeschoben haben. Es ist auch möglich, dass wir – außer am Tage unserer Bekehrung – nie mehr im Zentrum des Willens Gottes gewesen sind. Wenn dem so ist, müssen wir unser exzentrisches Leben korrigieren.

Der korrigierte Plan

»Das Gefäß missriet in der Hand des Töpfers ... da machte er einen anderen Topf daraus...« (V. 4). Hier wird uns ein Heilmittel gegen die Verzweiflung angeboten. Wenngleich verunstaltet, so ist das Gefäß doch noch immer in der Hand des Töpfers. Die Lektion ist eindeutig. Gleichgültig, wie wir unser Leben befleckt haben mögen oder wie weit wir unsere früheren Ziele verfehlten – wenn wir Christus angehören, sind wir noch immer in der Hand des himmlischen Töpfers, und er verzweifelt nicht an uns. Er macht Menschen neu. Jakob, der Fersenhalter, wird Israel, der Fürst; Petrus, der Christusleugner, wird der Prediger von Pfingsten; Markus, der Überläufer, wird Markus der Brauchbare. So gibt es also noch immer Grund zur Hoffnung. Der göttliche Töpfer lässt sich nicht entmutigen. Wie sehr wir auch an uns selbst verzweifeln mögen, er gibt uns nie auf.

Vor Jahren war Paul Morphy Weltmeister im Schachspiel. Er stand eines Tages vor einem wertvollen Gemälde mit dem Titel »Der Schachspieler«. Die beiden Spieler waren Satan und ein junger Mann; sie spielten um einen Preis: die Seele des jungen Mannes. Das Spiel stand schlecht für ihn. Er konnte seine Figuren nicht mehr bewegen, ohne ins

Schachmatt zu geraten. Verzweiflung stand in seinem Gesicht: Er hatte seine Seele verloren.

Morphy, der mehr vom Schachspiel verstand als der Maler des Bildes, betrachtete es eine Zeitlang und ließ sich dann ein Schachspiel bringen. Er stellt die Figuren in die gleiche Position wie auf dem Bild, übernahm die Rolle des jungen Mannes und wagte den Zug, der den jungen Mann vor seiner Niederlage hätte bewahren können.

Das Leben ein Spiel? Und wir wissen keinen Zug mehr, der uns vor dem Verlieren rettete? Dann lasst uns die Regie dem einen übergeben, der jeden Zug des Spiels kennt. Wir der Ton – unfähig, uns selbst zu reinigen? Dann lasst uns zu IHM gehen, uns IHM in die Hand geben, der den Ton reinigt und neu formt.

»Ein neues Gefäß«, vielleicht nicht so faszinierend wie die ursprünglich von ihm entworfene Gestalt unseres Lebens, aber doch noch »brauchbar für den Hausherrn«. Obwohl wir durch unsere Sünde vielleicht nicht das geworden sind, was wir hätten sein können, brauchen wir dennoch nicht zu verzweifeln; wir brauchen nicht mehr länger das zu sein, was wir sind. Er hat einen neuen Plan für uns entworfen, der zu seiner Ehre und zu unserem Segen gereicht. Aber es muss noch einmal festgehalten werden, dass dieses neue Gefäß »dem Töpfer gefallen muss« und nicht, »wie es dem Ton gefiel«. Das Gefäß selbst kann nicht darüber bestimmen, ob es seine Tauglichkeit in der Küche oder im Festsaal unter Beweis stellt.

Während der Töpfer das Gefäß neu formt, arbeiten seine Hände nicht etwa aufs Geratewohl. Sie folgen vielmehr einer zuvor in seinem Geist entworfenen Form. Eine Dame, die eine Töpferei aufsuchte, fand den Töpfer gerade mit einem wunderschönen Stück beschäftigt, das ein so auffallend hübsches und feines Muster aufwies, dass die Dame den Töpfer bat, die Arbeitsvorlage mit dem Muster sehen zu dürfen. Der Mann zeigte mit dem Finger an seinen Kopf. Form und Muster existierten in seinem Geist, und während seine Hände den Ton umfassten und »liebkosten«, brachte er das in seinem Geist bereits geschaffene Werk in eine sichtbare Form.

Das Muster, das der Vorstellung unseres Töpfers entsprungen ist, mag uns vielleicht noch unklar sein, aber ihm ist es klar. Wer ihm einen Auftrag erteilt, muss ihm vertrauen. Das ist genug.

Das Bild – Form und Muster –, das in dem Geist des göttlichen Töpfers über uns entworfen ist, wurde uns offenbart. »Denn welche er zuvor ersehen hat, die hat er auch verordnet, dass sie dem Ebenbilde seines Sohnes gleich sein sollten« (Röm. 8,29). Jede Berührung seiner Hand wirkt auf dieses eine Ziel hin.

Der Meisterblick Michelangelos nahm plötzlich in einem beiseite gelegten moosbewachsenen Marmorblock einen Engel von transzendenter Schönheit wahr. Mit seinem alles umfassenden Blick entdeckt Gott in dem erbärmlichsten und hoffnungslosesten Leben herrliche Möglichkeiten, wo andere nur Verfall und Zerbruch sehen.

Während wir uns auf der Drehscheibe unseres Lebens drehen, will Gott auch unser wenig versprechendes Leben in der Hand haben, um etwas Schönes daraus zu machen. Die Berührungen, vor denen wir uns so sehr fürchten, dienen nur dazu, Unreinigkeiten zu entfernen und in unser sinnlos ungezieltes Leben Form und Sinn zu bringen.

Der vollendete Plan

»... wie es dem Töpfer gefiel« (V. 4). Um das Gefäß zu formen, braucht der Töpfer nicht nur die Scheibe, sondern auch Hitze. Wenn die Arbeit an dem Gefäß und damit der zuvor vom Töpfer entworfene Plan Bestand haben soll, muss das Gefäß durch das Feuer gehen. Der Brennprozess verleiht dem Gefäß Härte und Widerstandskraft, und außerdem bringt es die aufgetragenen Farben erst zur Geltung. Im Feuer zerbricht das fehlerhafte, das wertlose Gefäß. Es ist möglich, dass wir bei dieser Feuerprobe zusammenbrechen und dem Töpfer dafür die Schuld zuschreiben; aber wir brauchen nicht davor zurückzuschrecken, durch den Feuerofen zu gehen. Die Flammen werden uns nicht verbrennen. Er überwacht das Feuer so wie die Scheibe.

Es ist interessant, einmal etwas darüber zu erfahren, wie die Gefäße gebrannt werden. Keines der Gefäße wird unbedeckt in den Ofen gestellt. Zuerst wird es von einem stärkeren Material umhüllt und sorgfältig versiegelt. Erst dann kommt es in den Brennofen. So ist auch kein Christ dazu berufen, allein durch die Feuer von Not und Trübsal zu gehen.

Als die drei jungen Hebräer in den brennenden Ofen geworfen wurden, müssen sie auch furchtsam gewesen sein. Sie wussten nicht, dass Gott die Flammen in seiner Gewalt hatte und dass gar nichts als nur ihre engen Fesseln und Ketten zerstört würden. Sie hatten nicht mit dieser hohen Auszeichnung der heiligen Gegenwart des Sohnes Gottes inmitten der Flammen gerechnet. Und dennoch gingen sie, und dennoch geschah es.

Wer eine Töpferei besucht, kann den Unterschied zwischen einer gebrannten und einer ungebrannten Vase sehen: beide sind aus dem gleichen Material hergestellt, und beide wurden mit dem gleichen Material bemalt; aber die eine trägt ein herrlich farbenfrohes Ornament, während bei der anderen die Farben und Formen des Ornaments verschwommen und unansehnlich sind. Die eine *ist durchs Feuer gegangen,* die andere nicht.

Als Georg V. von England einmal seine Porzellan-Manufaktur besuchte, kam er zu dem Porzellan, das für den Buckingham-Palast bestimmt war. Eine junge Frau war eifrig damit beschäftigt, das Innere der Tassen schwarz zu malen. Er konnte dies nicht verstehen, da kein Auftrag erteilt worden war, schwarzes Porzellan herzustellen. Da erklärte man ihm, dass unter der schwarzen Schicht das Gold läge.

Als die Tassen aus dem Feuer kamen, war das *Schwarz weggebrannt* und das *Gold tief eingebrannt.* Aber wenn das Gold ohne das schützende Schwarz dem Feuer ausgesetzt worden wäre, hätte man es verdorben.

Wie oft sehen wir nur das Schwarz und vergessen dabei, dass nach dem Plan unseres himmlischen Töpfers das Gold darunter liegt.

Das letzte Wort für das verdorbene Gefäß spricht das zerschundene Angesicht Christi. Er selbst war ein zerbrochenes Gefäß, zerbrochen durch die Sünde, die nicht seine eigene war, sondern deine und meine. Und er ist es, der uns in seiner Liebe und Güte begegnet, und der auf dich schaut und für dich eintritt. Schau einmal in sein zerschlagenes Angesicht und erblicke dort die göttliche Kraft, das missratene Gefäß zu erneuern.

4. Die Freude an den Erziehungsmaßnahmen Gottes

»Alle Strafe aber, wenn sie da ist, scheint uns nicht Freude, sondern Traurigkeit zu sein; aber danach wird sie eine friedsame Frucht der Gerechtigkeit denen geben, die dadurch geübt sind.« (Hebr. 12,11)

Die immer wieder auftauchende Frage nach dem Sinn von Leiden und Versuchungen im Leben eines Gotteskindes verlangt eine verständliche und befriedigende Antwort; aber es gibt keine leichte Antwort darauf. Und wenn es nicht immer eine Erklärung gibt, die die menschliche Vernunft zufrieden stellt, so gibt es doch immer eine Erklärung, die den Glauben befriedigen kann.

Wir leben in einer Zeit zunehmender weltweiter Krisen und wachsender Einzel- und Gemeinschaftsprobleme. In ihrer Bedrängnis wenden sich viele Menschen von Gott ab, oder sie machen ihm Vorwürfe und bringen sich damit um den Trost und die Hilfe des Heiligen Geistes. Es ist äußerst wichtig, dass wir die biblische Perspektive und damit die richtige Einstellung gegenüber den Strafen gewinnen, die unser himmlischer Vater für uns vorsieht. Eine falsche Einstellung dazu bedeutet unausweichlich Verarmung in unserem Leben und Lähmung unseres christlichen Dienstes.

In der Bibel wird in Hebr. 12,5–13 auf dieses Thema Bezug genommen. Der Schlüsselvers steht über diesem Kapitel. Er offenbart uns:

Das Wesen der Strafe

Dies sind unsere Kindergartentage. Jede Situation in unserem Leben, die traurige und die fröhliche, hat unser liebender Vater zu unserem ewigen Gewinn und Wohlergehen geschaffen. »Denn unsere Trübsal, die zeitlich und leicht ist, schafft uns eine ewige und über alle Maßen gewichtige Herrlichkeit...« (2. Kor. 4,17). Seine vorausschauende Liebe wird uns keinen zeitlichen Schmerz ersparen, wenn er dadurch zukünftige Freude und Segen mehren kann.

In der Kindererziehung gelten bekanntlich drei Grundsätze:

a) Eltern können nicht zulassen, dass das Kind in jedem Fall seinen Willen durchsetzt; sie sollen aber auch nicht versuchen, den Willen des Kindes grundsätzlich zu unterdrücken, sondern es lieber dazu bringen, dass es sich glücklich und aus eigener Vernunft für das entscheidet, was die Eltern als das Beste für das Kind erkannt haben.

b) Eltern fördern eifrig jede Neigung des Kindes zu dem, was sie ihm als das Beste vor Augen halten, auch wenn dies den augenblicklichen Willen des Kindes durchkreuzt. Eltern sollen dem Kind nicht das Vorrecht vorenthalten, selbst richtige Entscheidungen zu treffen.

c) Hauptziel der Eltern soll es sein, dass das Kind eines Tages ohne elterliche Erziehung auskommt, weil seine eigene Entscheidung im Allgemeinen so richtig und wohlüberlegt ist, dass es keiner weiteren Zurechtweisung mehr bedarf.

Viel Licht fällt auf unser Leben, und manch eine verblüffende Erfahrung dürfen wir dabei machen, sobald wir diese Grundsätze auf unsere Erziehung durch Gott übertragen. Dann erkennen wir, dass alle seine Erziehungsmethoden seiner vollkommenen Weisheit entsprechen. Alle Eingriffe in unser Leben entspringen seiner Liebe und können demzufolge weder hart noch willkürlich oder unnütz sein.

Die Strafen in unserem Leben stellen nichts weiter dar als ein Mittel zum Zweck. Gott pflügt nicht den Boden unserer Herzen, nur um seine Macht und Souveränität zu beweisen. Wenn er mit der Pflugschar der Leiden und Versuchungen den hart gewordenen Boden unserer Herzen durchpflügt, hat er ein sinnvolles Ziel im Sinn. Deshalb: Lass ihn pflügen, denn er braucht die Ernte.

Außerdem: Jeder strafende oder zurechtweisende Eingriff Gottes ist das Vorspiel zu irgendeinem Gnadenakt. Seine selbstlose Liebe wird nicht eher ruhen, bis er uns vollendet hat und wir »in das Ebenbild seines Sohnes umgestaltet sind«.

Die Kanäle der Zurechtweisungen

Züchtigungen können uns durch eine Vielzahl verschiedener Kanäle erreichen; die drei wichtigsten davon sind:

Unsere eigenen Fehler und Sünden. Wenn wir einsehen, dass wir unsere Not uns selbst zuzuschreiben haben, finden wir uns mehr oder weniger damit ab und akzeptieren sie. Wir können zumindest einen gewissen Zusammenhang zwischen unserer Sünde oder unserem Versagen und deren Auswirkungen erkennen, obwohl wir in unserer Kurzsichtigkeit meinen, das auferlegte Leid übersteige bei Weitem seine Ursache.

Unser wachsamer himmlischer Vater lässt es zu, dass der Hieb sitzt, so dass wir unsere Herzen erforschen, die Sünde, die unser Leid verursacht hat, aufdecken, sie bekennen und ihre Wiederholung vermeiden. Wir haben als diesseitige Menschen keine Ahnung davon, wie oft Gottes züchtigende Hand uns vor dem äußersten Verderben, ja der ewigen Verdammnis, bewahrt hat.

Die Fehler und Sünden anderer. Von allen Versuchungen und Prüfungen sind diejenigen am schwersten zu begreifen und zu akzeptieren, die durch diesen Kanal über uns hereinbrechen, weil sie uns nicht selten höchst ungerecht und unverdient erscheinen. Diese Tatsache hat schon viele dazu verleitet, sich an Christus »zu ärgern«, weil sie nicht zwischen dem, was Gottes Wille zulässt, und dem, was sein Wille den Menschen zu tun heißt, unterscheiden können.

Was der andere gesagt oder getan hat, mag völlig falsch und unverantwortlich sein. Er kann es also unmöglich auf Gottes Geheiß hin getan haben. Aber Gott lässt es dennoch zu, dass Männer und Frauen dem sündigen Weg folgen, den sie sich selbst gewählt haben. Wenn ihre Untat uns getroffen hat, so ist sie – was uns angeht – nicht mehr länger die böse Tat des anderen, sondern der von Gott zugelassene Wille für uns.

Wenn ein Christ in der Gemeinschaft mit Gott lebt, gibt

es nicht so etwas wie Ursachen aus zweiter Hand. Er sagt mit dem Psalmisten: »Gott macht meine Wege ohne Tadel.« Keine Versuchung, kein Leid kann ohne seine Einwilligung über die kommen, die in ihm bleiben. Wir können in jeder noch so verwirrenden Lebenslage gewiss sein, dass unser allwissender und liebender Vater sie zu unserem Besten zugelassen hat; weiß er doch genau, was wir zu tragen fähig sind; »Gott ... lässt euch nicht über euer Vermögen versuchen, sondern macht, dass die Versuchung ein Ende gewinne, dass ihr's ertragen könnt« (1. Kor. 10,13).

Nach allem, was wir von Gott durch seine Offenbarung in Jesus Christus wissen, dürfen wir es als ein geistliches Grundgesetz annehmen, dass er es nicht zulassen wird, dass uns auch nur ein unnötiger Hieb trifft oder einen Augenblick lang sinnloser Schmerz plagt. Sobald sein Ziel erreicht ist und wir die Lektion, die er uns lehren will, begriffen haben, hat seine Züchtigung ein Ende.

Wir dürfen getrost den anderen, der uns Leid verursacht hat, in seine Hände legen und sollen nicht versuchen, das Unrecht zu rächen. »Mein ist die Rache, ich will vergelten«, lauten die Worte des Herrn. Groll oder Bitterkeit machen unser Los nicht leichter, sondern wir hindern uns selbst an unserer eigenen geistlichen Entwicklung und enttäuschen unseren himmlischen Vater.

Gottes vorausschauendes Eingreifen. In den Stunden der Bedrängnis erscheint es uns oft unverständlich, und ein murrendes »Warum« entschlüpft ungewollt unserem Munde.

Aber Gott ist nicht dazu verpflichtet, sein Handeln zu erklären, mit keinem einzigen Wort verspricht er uns das. Er ist ja nicht nur ein liebender Vater, sondern auch ein souveräner Gott, und gerade hier stellt er den Glauben auf die Probe.

Nach einem beispiellosen Dienst der Selbstverleugnung musste *Johannes der Täufer* sich damit abfinden, sein Leben im Kerker zu fristen. Er wusste, dass Jesus, den er »als das Lamm Gottes, das der Welt Sünde trägt« verkündigt hatte, ihm nahe war, und rechnete fest mit seinem Besuch in dieser Stunde der Not. Aber Wochen vergingen, ohne dass

Jesus auch nur eine Botschaft des Trostes sandte. Der Glaube Johannes des Täufers begann zu wanken. »Ist er wirklich der verheißene Messias? Wenn ja – würde er mich dann so im Stich lassen?«, muss er sich gefragt haben.

Schließlich konnte er die Enttäuschung nicht länger ertragen und sandte Boten zu Jesus, in der Hoffnung, dass seine Zweifel damit zerstreut und sein früheres Vertrauen wiederhergestellt würde. Aber selbst den Botschaftern gab Jesus keine direkte Antwort auf die Frage des Johannes: »Bist du, der da kommen soll, oder sollen wir auf einen anderen warten?« Stattdessen wirkte Jesus Wunder, die seinen messianischen Anspruch bestätigten, und hieß die Boten Johannes darüber berichten und ihm sagen: »Selig ist, der nicht Ärgernis nimmt an mir« – der mir vertraut, selbst im Gefängnis, der, ohne »warum« zu fragen, jeder Prüfung, die ich ihm in meiner Weisheit auferlege, standhält.

Ein einziger Besuch Jesu würde das Gefängnis des Johannes in einen Palast umgewandelt, ein einziges Wort alle seine Zweifel zerstreut haben – aber der Besuch und das Wort kamen nicht. Stattdessen wurde dem Gefangenen eine unmissverständliche und zeitgemäße Anweisung gegeben, wie man sich inmitten von Trübsal zu freuen habe: »Selig ist, der sich nicht an mir ärgert.«

Lazarus lag im Sterben. Seine besorgten Schwestern sandten Boten zu Jesus und ließen ihm sagen: »Herr, den du lieb hast, der liegt krank.« Es war ihnen nicht in den Sinn gekommen, er könnte sein Kommen hinauszögern. Aber er kam nicht. »Als Jesus hörte, dass Lazarus danieder lag«, wird uns berichtet, »blieb er noch zwei Tage an dem Ort, wo er war.« Sie sahen, wie das Leben des Lazarus langsam dahinschwand, und sie empfanden den Schmerz darüber um so mehr, als ihr geliebter Freund sie enttäuschte.

Vier Tage später kam Jesus, verlor aber kein Wort über seine Verzögerung. Vorwurfsvoll empfingen ihn die Schwestern: »Herr, wärest du hier gewesen, unser Bruder wäre nicht gestorben.« Jesus antwortete darauf nicht direkt, deutete aber mit seiner Antwort darauf hin, dass er sie durch sein Fernbleiben mehr gesegnet habe, als wenn er sofort gekommen wäre. Die Bedeutung seiner Worte wurde nachher klar: Ihr Bruder wurde zu neuem Leben erweckt, und sie lernten Jesus in einem ganz neuen Lichte kennen – als die Auferstehung und das Leben.

Im Herzen *Davids* wuchs das Verlangen, etwas zu tun, womit er seiner Liebe zu seinem Gott Ausdruck verleihen konnte. Er wollte Gott ein herrliches Haus bauen, das Gottes Hoheit würdig wäre. »Dies will ich tun«, sagte David. Aber zu seiner Bestürzung wurde sein löblicher und uneigensüchtiger Plan von Gott mit einem »Du sollst nicht« beantwortet; die Zurückweisung wurde durch ein Wort der Anerkennung gemildert: »... dennoch war es gut, dass der Wunsch in deinem Herzen war.« So bestätigt sich sein Wort immer wieder: »Was ich tue, das wisst ihr jetzt nicht; ihr werdet es aber hernach erfahren.«

Auf hunderterlei Weise werden wir versucht und geprüft: durch Kummer und Schmerz, Tod und Pein, durch Enttäuschung und Frustration, durch körperliche und geistige Nöte, durch Freund und Feind. Wie können wir Ruhe finden für unsere Herzen inmitten von Gottes unerklärlicher Vorsehung?

Nur derjenige findet Frieden, der aufhört zu fragen: »Ist Gott Liebe?« und stattdessen sagt: »Gott ist Liebe.« Dann betrachtet er sein Leben im Lichte dieser Überzeugung. Er hat es gelernt, dass in der Bejahung Frieden liegt. Er hat seinen Gott so gut kennen gelernt, dass nichts von dem, was er tut, wie unergründlich es ihm auch erscheinen mag, missverstanden wird oder sein Vertrauen erschüttert. Er hat es gelernt, dass ihn die reichsten Segnungen Gottes häufig in einer rauen Schale verpackt erreichen.

Die Herausforderung der göttlichen Erziehungsmaßnahmen

Es gibt drei Möglichkeiten, wie wir auf die Zuchtrute reagieren, denn sie ist oft eine echte Herausforderung: *Wir können sie ablehnen* (Hebr. 12,5), indem wir dagegen rebellieren, anstatt uns ihr zu unterwerfen; indem wir uns weigern, die offenkundige Lektion zu lernen, indem wir es ablehnen, den Grund, der den züchtigenden Hieb notwendig machte, in uns selbst zu sehen. Diese Haltung führt nur zu einem noch mehr verhärteten Herzen und zu endgültiger Niederlage. Wir wollen uns davor hüten, gegen die Hand eines liebenden himmlischen Vaters zu meutern.

Wir können dabei verzagen (V. 5). Wenn wir nicht daran denken, dass der Eine, der uns in den Läuterungsprozess schickt, mit uns geht, um uns hindurchzutragen, könnte uns die Last unerträglich schwer erscheinen, und das macht mutlos. Wir haben das Gefühl, wir befänden uns in einem Tunnel ohne Ende. Dann hilft nur, sich noch fester auf unseren lastentragenden Gott zu stützen, der die Grenze unserer Belastbarkeit kennt. Die Härte der Prüfung ist das Maß unserer Fähigkeit, sie zu ertragen (1. Kor. 10,13).

Wir sollten uns fügen (V. 9). »Und wie wir unsere leiblichen Väter zu Züchtigern gehabt und sie gescheut haben, sollten wir dann nicht viel mehr dem Vater der Geister untertan sein, auf dass wir leben?«

Diese Ermahnung ist leichter gesagt als getan, und doch führt kein anderer Weg zur Befreiung und zum Sieg. Vielleicht sehen wir nicht den ganzen Weg vor uns – trotzdem können wir ruhig dem weisen Vater vertrauen. Die unterste Stufe auf dem Weg zum Sieg ist, »sich *zu fügen*«, weil wir wissen, dass Widerstand gegen Gottes Willen sinnlos ist. Einwilligen in die liebende Weisheit, die in Gottes Handeln mit uns liegt, ist schon eine höhere Stufe. Aber was dem Herzen Gottes am meisten Ehre und Freude bereitet und dem, der sich Gottes Erziehungsmaßnahmen aussetzt, den größten inneren Frieden verleiht, ist die Anerkennung seines Willens mit dem Wort: »So sei es, Vater, denn so scheint es aus deiner Sicht das Beste« – selbst wenn dir die Stimme vor Seufzen zu ersticken droht.

Madame Guyon, eine hochbegabte und geisterfüllte Dame des französischen Hochadels, wurde mehrere Jahre lang in einem dunklen und schmutzigen Burgverlies gefangen gehalten. Sie entsagte allen früheren Gewohnheiten nicht nur notgedrungen, sondern als Antwort auf Gottes

Weg mit ihr, und stand so hoch über allen Widerwärtigkeiten ihrer Gefangenschaft, dass sie imstande war, ihre Glaubenserfahrung mit folgenden Worten zu schildern: »Sogar die Steine im Fußboden meines Gefängnisses strahlten vor meinen Augen wie Rubine«, so wirklich erlebte sie die Gegenwart des Herrn.

In ihrem grausamen Käfig dichtete sie zwei Lieder zur Ehre Gottes, und in einem Lied sagt sie:

> Ein kleiner Vogel bin ich;
> ausgeschlossen von wehenden Lüften
> sitze ich in meinem Käfig und singe zur Ehre dem,
> der mich in Grüften gefangen sein heißt.
> Ich will dir gefallen, mein Herr, weil es Dir so gefällt.
>
> Oh, es tut gut, sich emporzuschwingen,
> über Schloss und Riegel hinaus, zu Ihm,
> dessen Heilsplan ich besinge,
> und dessen Vorsehung ich liebe;
> um in Seinem allgewaltigen Willen
> Freude und Freiheit des Geistes zu finden.

Das Ziel der göttlichen Erziehungswege

Strafe und Korrektur sind dem »Fleisch« nicht willkommen, und doch sind sie Gottes wertvollste Instrumente zur Vervollkommnung des menschlichen Charakters. Er arbeitet nach einem Plan – wir sollen seinem Sohn gleich sein, von dem geschrieben steht: »So hat er, obwohl er Gottes Sohn war, doch an dem, was er litt, Gehorsam gelernt« (Hebr. 5,8).

Wir sollten größten Wert darauf legen, aus jeder Züchtigung, die Gott uns schickt, Nutzen zu ziehen und so der Erfüllung des göttlichen Planes näher zu kommen. Unsere Schriftstelle zeigt ein vierfaches Ziel an, auf das unsere Enttäuschungen und unser Versagen, unsere Sorgen und Leiden hinsteuern sollen:

Sie *bestätigen unsere Kindschaft* (V. 8). Elterliche Zurechtweisungen sind alles andere als ein Beweis von Gleichgültigkeit oder ein Mangel an Liebe. Im Gegenteil: Nur echte

Liebe und tiefes Interesse bewegen Eltern, einem Kind so viel Aufmerksamkeit zu schenken und persönliche Schmerzen auf sich zu nehmen, wenn sie, sofern dies unbedingt nötig ist, zur Strafe greifen müssen. Es wirft ein klärendes Licht auf unser Leiden zu wissen, dass, »welchen der Herr lieb hat, den züchtigt er, und er straft einen jeglichen Sohn, den er aufnimmt« (Hebr. 12,6).

Züchtigungen dienen zu unserem Besten (V. 10). Gott handelt nicht unberechenbar oder launenhaft, er hegt auch gegen keines seiner Geschöpfe einen Groll. Er arbeitet im Hinblick auf unseren ewigen Gewinn, obwohl es Zeiten gibt, in denen es eher scheint, als gereiche es nur zu unserem Schaden; aber dies nur deshalb, weil wir blind sind und im Finstern leben.

Ein Stück Stahl mit einem Wert von 6 Euro, das zu Nähnadeln verarbeitet wird, erhöht damit seinen Wert auf 450 Euro. Wenn das Stück aber in Messerklingen umgewandelt wird, beträgt sein Wert 39.000 Euro. In Uhrfedern verarbeitet, würde sein Wert 300.000 betragen. Worauf ist der sich immer steigernde Wert zurückzuführen? Je mehr man den Stahl behandelt und verarbeitet, wie beispielsweise durch Hämmern, Schlagen, Formen und Pressen, um so besser erträgt er das Feuer, und um so höher steigt sein Wert. »Denn unsere Trübsal, die zeitlich und leicht ist, schafft eine ewige und über alle Maßen gewichtige Herrlichkeit« (2. Kor. 4,17).

Durch Leiden zur Heiligkeit (V. 10). »Teilhaber seiner Heiligkeit« – welch eine Vollendung liegt doch darin! Wenn er selbst durch Leiden vollkommen wurde, wie könnten wir anders Teilhaber seiner Heiligkeit werden? Versuchung macht uns nicht automatisch heilig, ob wir es wollen oder nicht, sondern nur die richtig aufgenommene und verstandene Versuchung wird uns heiligen. Das Feuer entfernt vom Gold auch nur die Schlacken, also das, was seinen Wert mindert; so entfernen die Feuer der Prüfung auch nur die Sünden und Beschwernisse, die unserer Heiligung entgegenstehen und unser Glück zerstören.

Leiden bringen Ernte ein (V. 11). Allzu oft kam unser himmlischer Bräutigam schon zu unserem Lebensbaum, um nach Früchten auszuschauen, und fand »nichts als Blätter«. Er sucht die Frucht nicht nur für sich, sondern »damit sie euch reichlich zugerechnet werde« (Phil. 4,17).

Die Zuchtrute ist eines seiner wirksamsten Befruchtungsmittel. Wenn er sie einsetzt, dann erwachsen daraus köstliche Früchte des Glaubens, der vertraut, auch wenn er nichts sieht; des Friedens, der still bleibt inmitten der Stürme; der Langmut im Leiden, die erträgt und verzichtet, obwohl sie heftig versucht wird; und die Frucht der Liebe, die treu bleibt, auch wenn sie verlassen scheint.

Wenn diese Vollendung unser aufrichtiger Wunsch ist, so können wir in das Gebet einstimmen: Pflüge weiter, Herr, durchpflüge mein ganzes Leben; damit jede Ecke goldenes Korn und herrliche Blumen hervorbringe. Ach, dass ich klagte, als deine Pflugschar ich verspürte! Aber du kennst mich; du weißt, dass ich Staub bin. Doch ich sehe Dein Heil und so fasse ich Mut. Pflüge nur weiter, Herr!

5. Die Herrschaft Christi

»Denn unser keiner lebt sich selber, und keiner stirbt sich selber. Leben wir, so leben wir dem Herrn; sterben wir, so sterben wir dem Herrn. Darum: wir leben oder sterben, so sind wir des Herrn. Denn dazu ist Christus gestorben und wieder lebendig geworden, dass er über Tote und Lebendige Herr sei.« (Röm. 14,7–9)

Demokratie, die Regierung des Volkes durch das Volk, hat sich nicht als ein Allheilmittel für sämtliche Weltübel erwiesen. In vielen Ländern, in denen diese Regierungsform übernommen wurde, ist sie zugunsten einer militärischen Diktatur oder anderer autoritärer Gewalt wieder abgeschafft worden, und zwar aus dem einfachen Grund, weil die Demokratie kläglich versagte und den jeweiligen aktuellen Erfordernissen nicht gerecht wurde. Zuweilen haben es die Menschen vielleicht für klüger gehalten, die Macht in die Hände eines fähigen Mannes zu legen. Der Charakter dieses Mannes bestimmt dann auch den Charakter seines Regimes.

Nach dem Abklingen der antiautoritären Phase scheint das alte System wieder Freunde zu gewinnen. Noch hat jede Armee ihren Befehlshaber, jede Marine ihren Admiral, jedes Schiff seinen Kapitän, und die Familien suchen wieder ihr Oberhaupt. Doch in dem vielgestaltigen Königreich einer Menschenseele mit all ihren verworrenen Problemen nährt der Mensch liebevoll seinen Traum, er könne die Macht zwischen Christus und seinem eigenen Ich teilen und so Erfolg und Sieg erringen. Die Selbsttäuschung ist perfekt. Menschliche Erfahrung hingegen lehrt, dass allein der Mensch, der sich uneingeschränkt der Herrschaft Christi unterwirft, Sieg in seinem Leben erhoffen kann.

Es ist sicherlich eine logische Schlussfolgerung, dass, wenn Christus in unserem Leben so herrscht, wie er im Himmel herrscht, wir auch himmlische Freuden ernten. Von welchem Platz aus herrscht er im Himmel? »Das Lamm

... in der Mitte des Thrones.« Wenn Christus nach unserem freien Willen den Thron in unserem Leben einnimmt, wird er es zu unserem Besten lenken und regieren.

Das Fundament der Herrschaft Christi

Die Tatsache der Herrschaft Christi kommt in der Schrift klar zum Ausdruck. Der zentrale Punkt der Pfingstbotschaft ist die folgende biblische Aussage: »Gott hat diesen Jesus, den ihr gekreuzigt habt, zum Herrn und Christus gemacht« (Apg. 2,36). Als den Heiden der Name Jesus zum ersten Mal gepredigt wurde, sprach Petrus vom »Frieden durch Jesus Christus, welcher ist der Herr über alle« (Apg. 10,36). Sein Recht, über diejenigen zu herrschen und seine Macht auszuüben, die in ihrem Leben durch den Glauben Gemeinschaft mit ihm haben, beruht nicht darauf, dass wir ihm dieses Recht zuerkennen, sondern auf der ausdrücklichen Erklärung, dass Gott ihn zum Herrn gesetzt hat.

Im Licht seiner Selbstverleugnung und Selbsterniedrigung um unseretwillen ist *seine Machtstellung als Herrscher mehr als verdient.* »... der, obgleich er in göttlicher Gestalt war, es nicht als einen Raub nahm, Gott gleich zu sein, sondern sich selbst entäußerte und Knechtsgestalt annahm und wie ein anderer Mensch wurde, an Gebärden als ein Mensch erfunden. Er erniedrigte sich selbst und wurde gehorsam bis zum Tode, ja zum Tode am Kreuz« (Phil. 2,6–8).

Und weiter heißt es: »Denn ihr wisst die Gnade unseres Herrn Jesus Christus, dass er, obwohl er reich ist, doch arm wurde um euretwillen, auf dass ihr durch seine Armut reich würdet« (2. Kor. 8,9).

Wer ist seinem Herrn jene von Paulus beschriebene Stufenleiter wachsender Demütigung gefolgt und hätte den Mut zu behaupten, er habe seinen Herrschaftsanspruch nicht verdient? Konntest du, wenn du seine Wunden gesehen hast, ihm deine völlige Hingabe vorenthalten? Sein Sühnopfer auf Golgatha verleiht ihm das Recht, sein Zepter über jedes erlöste Herz zu erheben.

Herr über unser Leben sein, ist *sein dringendster Wunsch.* Dies war tatsächlich der Grund für seinen Tod und seine

Auferstehung; nicht nur unsere Erlösung vor zukünftiger Höllenqual, sondern dass er gegenwärtig als der Herr über unser Leben verherrlicht würde.

Das geht klar aus Römer 14,9 hervor: »Denn dazu ist Christus gestorben und wieder lebendig geworden, dass er über Tote und Lebendige Herr sei.« Wenn ihm dieser Herrschaftsanspruch streitig gemacht wird, was kann an seine Stelle treten? Ihn abzuweisen bedeutet, ihm die Frucht seiner Leiden streitig zu machen, seinen Lippen den Kelch der Freude zu entreißen.

Obwohl also Jesus Christus absolute Autorität im Leben seiner Jünger sein will und dies auch verdient und obwohl er seine Macht nur zu unserem Heil ausübt, wird *sein Anspruch nur allzu oft in Frage gestellt oder geleugnet.* Mit unserer Lebenspraxis drücken wir aus, was wir niemals in Worte kleiden würden: »Dieser Christus soll nicht über uns herrschen.« Viele von denen, die ihr Leben willig aus seiner Hand nehmen, weigern sich, sein Wort zu ihrem Gesetz zu machen. Vielleicht jubeln sie ihm als dem Erretter zu, lehnen ihn aber als Herrn ab, und doch ist das eine Amt so klar wie das andere in der Schrift festgelegt. Ist es logisch, Christus als Heiland anzunehmen und ihn gleichzeitig als Herrn zurückzuweisen? A. W. Tozer schreibt dazu: »Ich habe ernsthafte Bedenken, ob ein Mensch gerettet werden kann, der Christus zwar um seinen Beistand bittet, aber nicht die Absicht hat, ihm zu gehorchen.«

Wenn Mahatma Gandhi sagt: »Es ist mir unmöglich, Jesus Christus den Platz absoluter Herrschaft über mein Leben einzuräumen«, so können wir das verstehen; aber nicht, wenn Menschen, die sich nach seinem Namen nennen, das gleiche tun.

Als Garibaldi unter großen persönlichen Opfern Italien von den ins Land eingefallenen Franzosen befreite, wurde er als Retter der Nation gefeiert. Dann erhoben seine Anhänger die Forderung, ihm Thron und Zepter des italienischen Königreiches anzuvertrauen. Andere, die auch Nutznießer seines großen Sieges waren, stellten seinen Anspruch auf den Thron in Frage, brachten ihren Befreier für einige Tage ins Gefängnis, später verbannte man ihn auf die Insel Kapri, die ihm dann, als das Volk wieder zur Vernunft gekommen war, gnädig überlassen wurde.

Behandeln wir unsern Herrn nicht manchmal genauso? Sein Erlösungswerk ist uns hoch willkommen, aber er selbst wird in irgendeinen versteckten Winkel unseres Herzens verbannt, während unser Ich den Thron einnehmen darf. Ist unsere Gefolgschaft geteilt? Machen wir ihm seinen Herrschaftsanspruch streitig?

Die Auflagen seiner Herrschaft

»Heiliget aber den Herrn Christus in euren Herzen« (1. Petrusbrief 3,15). Die erste Bedingung, die dieses Wort an uns stellt, ist unsere *völlige Hingabe.* Wenn er wirklich Herr in unserem Leben ist, werden wir uns freudig unterwerfen und ihm gehorchen. Wie Christus werden wir dann sagen können: »Meine Freude ist nun erfüllt.«

Nach einem großartigen britischen Sieg über die Franzosen ging der besiegte französische Admiral lächelnd und mit ausgestreckter Hand und schwingendem Schwert an seiner Seite auf Lord Nelson zu. Nelson begrüßte ihn unbewegten Herzens mit den Worten:

»Zuerst Ihr Schwert, Sir.« Bevor man freundschaftliche Beziehungen aufnimmt, müssen alle Waffen niedergelegt werden. Als Herr und Erlöser ist Christus dazu ermächtigt, von uns ungeteilte Unterwerfung und Hingabe zu fordern.

Seine Herrschaft schließt *absolutes Eigentumsrecht* über alles ein, was der Glaubende ist und hat. »Er ist Herr über alle«, bekräftigt Petrus. Alles, was wir sind und haben, ist sein, kraft seines Schöpfungswerkes. Es ist sogar in doppelter Hinsicht sein geworden, weil wir – seine Geschöpfe – durch sein Blut zurückgekauft worden sind.

Zählen wir einmal in seiner Gegenwart alles auf: Besitztümer, Geschäft, Familie, Schmuck und andere Schätze, Geld und sonstige Anlagewerte, Freunde, Ehemann, Ehefrau, Kinder, Intellekt, Fähigkeiten, Unterhaltung – alles kommt von ihm, und zu seiner Ehre sollen wir uns alles dessen erfreuen und es gebrauchen. Wo sein absoluter Besitzanspruch nicht anerkannt wird, ist seine Herrschaft nur nominell.

Ananias und Saphira waren darum bemüht, jenen Gläubigen nachzueifern, die den Besitzanspruch Christi so wörtlich nahmen, dass sie ihr Hab und Gut verkauften und den Erlös seinen Aposteln zu Füßen legten. Aber dieses Ehepaar beging den verhängnisvollen Fehler, dass sie Gott alles, was sie hatten, versprachen, aber insgeheim einen Teil davon zurückbehielten. Niemand hatte sie verpflichtet, alles zu geben; aber sie wollten auch zu denen gehören, die sich mit allem, was sie hatten, Jesus zur Verfügung stellten – ohne jedoch wirklich alles auszuliefern. Ihre Heuchelei brachte das Gericht über sie.

Wir verdienen das gleiche Gericht, wenn wir vortäuschen, Christi absolutes Eigentumsrecht anzuerkennen, während wir praktisch nicht danach leben.

Der Inhaber einer Baumwollspinnerei kaufte, als sein Geschäft florierte, immer mehr Grund und Boden auf, um seine Fabrik zu vergrößern und um Wohnunterkünfte für seine Arbeiter zu schaffen. Schließlich gehörte ihm fast die ganze Stadt – mit Ausnahme eines Hauses, das im Zentrum der Stadt lag; es gehörte einem alten Quäker.

Jahrelang waren die Agenten des Fabrikanten mit immer verführerischeren Angeboten an den Quäker herangetreten, aber man hatte ihn nicht dazu überreden können, sein Haus zu verkaufen. Zu guter Letzt beschloss der Fabrikant, ihn persönlich aufzusuchen und ihm ein Angebot zu unterbreiten, das er nach seiner Meinung einfach nicht würde abschlagen können. Dabei entwickelte sich das folgende Gespräch:

»Ich nehme an, Ihr wisst, wer ich bin.«

»O ja, ich weiß, wer Ihr seid«, antwortete der Quäker.

»Und ich nehme weiter an, dass Ihr es schon erraten habt, warum ich hier bin?«

»O ja, ich habe es erraten, warum Ihr hier seid.«

»Nun denn, ich will Euch ein sehr großzügiges Angebot für Euer Haus machen. Wenn Ihr es mir verkauft, will ich das Grundstück mit goldenen Münzen bedecken.«

Nach kurzem Schweigen der Quäker: »Wenn Ihr sie hochkant darauf legen werdet, könnte man über das Geschäft schon reden.« Zornig und niedergeschlagen verließ der Fabrikant das Haus. Als er das Gartentor erreicht hatte, rief der alte Quäker hinter ihm her:

»Vergesst nicht, Herr, dass Huddersfeld Euch *und mir* gehört.«

Christus hat sie hochkant gelegt, denn mehr als sich selbst kann keiner geben. Trotzdem gibt es viele Christen, die seinen Herrschaftsanspruch wohl im Großen und Ganzen, jedoch nicht in jedem einzelnen wichtigen oder unwichtigen Lebensbereich anerkennen, und so kann der Teufel dann sagen: »Vergiss nicht, Christus, dass dieser Mann, den du zwar mit deinem Blut auf Golgatha erkauft hast, dir *und mir* gehört«, denn Satan kennt jeden kleinsten Bereich in unserem Leben, den wir Jesus entziehen. Wer Christi Herrschaftsanspruch voll anerkennt, wird ihm *unbedingten Gehorsam* leisten wollen. Seine eigenen Worte lassen diese Forderung sonnenklar zutage treten: »Was heißt ihr mich aber ›Herr, Herr‹ und tut nicht, was ich euch sage?« (Luk. 6,46). Der Ungehorsam löscht jedes Lippenbekenntnis seiner Herrschaft aus, erstickt die Stimme unseres Bekenntnisses. Beim Militär muss ein Soldat unter Umständen innerhalb von Bruchteilen einer Sekunde nach Befehlsempfang seinem Offizier gegenüber unbedingten Gehorsam unter Beweis stellen. Ist unser Gehorsam gegen unseren Herrn und Heiland spontan und bedingungslos? Wir sollten es uns zur festen Gewohnheit machen, ein bereitwilliges »Ja, Herr« in allen Dingen und zu jeder Zeit zu sagen, wie schwer uns auch der Gehorsam fallen mag.

Ein gläubiger Karikaturist berichtete mit folgenden Worten über eine Krise in seinem Leben zu dem Zeitpunkt, als er sich gerade gänzlich der Führung Christi ausgeliefert hatte: »Den Reichtum, der mir zuteil wurde, hätte ich mir nie träumen lassen, als ich vor fünfunddreißig Jahren Christus alles übergab. Er hat alle Falten meines Gehorsams geglättet.«

Christi Herrschaftsanspruch wird eine *heilige Unruhe*

über uns bringen, denn er wird sofort praktisch, sobald wir es ihm zugestehen. Sein Zepter wird kein bloßes Symbol sein. Seine Herrschaft wird in einigen Bereichen unseres Lebens Unruhe bewirken, aber nur zu unserem Besten. Sein Angriff zielt auf die Sünde in uns und ist nichts anderes als der Vorbote seines Heils. Gäbe es kein Golgatha, so müssten wir um die Souveränität Christi bangen.

Die Ergebnisse sehen in jedem Leben verschieden aus. Da verändert sich vielleicht etwas in unserer Beziehung zu bestimmten Gebieten der Literatur oder auch zu gewissen Fernsehprogrammen, die unser geistliches Wachstum hemmen. Oder wir reagieren plötzlich kritisch auf unsere Gewohnheit, unnötig oder eigennützig Geld auszugeben. Es kann sein, dass wir unsere Zeit neu und sorgfältig planen oder mit einer sinnlosen Freundschaft brechen. Der souveräne Herr wird keinen Gegenspieler dulden. Er wird in nichts und bei niemand den zweiten Platz einnehmen, denn »Er ist *Herr über alle*«.

Die Anerkennung seiner Herrschaft

Christus übt keinen Druck aus, um sich Mitarbeiter zu beschaffen. Wenn in Kriegsgefahr Soldaten rekrutiert werden, verlieren die »Untauglichen« natürlich nicht ihr Bürgerrecht. So verliert auch der Christ, der nicht auf Christi Herrschaftsanspruch eingeht und deshalb in Zeiten heftiger geistlicher Konflikte zum Kampf untauglich ist, nicht etwa sein himmlisches Bürgerrecht. Er ist einfach nur untauglich – und zwar aus eigener Schuld – und verwirkt damit die Nähe seines Herrn, die Erprobung und Stärkung der Kampfkraft und die Belohnung: Gaben und Fähigkeiten zu qualifiziertem Dienst und zu größeren Aufgaben.

Die Anerkennung seiner Herrschaft schließt einen klaren und eindeutigen Willensakt ein, denn er soll ja Herr über alles sein. Durch ihr »Jawort« vor dem Altar räumt die Braut ihrem Bräutigam grundsätzlich den Thron ihres Herzens ein. Danach kommt die Praxis: ihr Leben und alle Einzelentscheidungen müssen beweisen, was in jenem kurzen »Ja« mit einbegriffen war. Ähnlich können wir Jesus

Christus aufgrund eines Willensaktes den Thron unseres Herzens einräumen, woraufhin automatisch das eigene Ich entthront wird.

Gerade hierbei ergibt sich für viele ein praktisches Problem. Was müssen wir tun, wenn wir nicht nur grundsätzlich Christus als unserem Herrn den Thron vermachen wollen, sondern darüber hinaus auch praktisch unser Jawort zu seiner Herrschaft einlösen möchten? Unser Wille ist so schwach, und wir haben in der Vergangenheit in diesem Punkt so oft versagt.

Die Antwort wird uns durch das folgende Wort gegeben: »... und niemand kann Jesus den Herrn heißen (= ihn beständig seinen Herrn nennen) ohne durch den heiligen Geist« (1. Kor. 12,3).

Merkst du, wie schwer das Gewicht von Worten sein kann? Selbstverständlich besagt dieses Wort nicht, dass ein Mensch diesen Satz ohne den heiligen Geist nicht aussprechen könnte. Aber in Wahrheit sagen kann ihn nur, wer Christus seine Machtposition einräumt und dabei bleiben und in der Praxis danach leben will. Wenn dies unser Bestreben ist, kann es durch seinen Geist geschehen.

Ein paar Bibelstellen sollen zeigen, wie man die Mitwirkung des Heiligen Geistes erreicht: »Wenn ihr, die ihr böse seid, euren Kindern gute Gaben geben könnt – wie viel mehr wird der Vater im Himmel den heiligen Geist denen geben, die ihn *bitten!*« (Luk. 11,13). »Und das ist die Zuversicht, die wir zu ihm haben, dass, wenn wir etwas *bitten* nach seinem Willen, er uns hört und ... so wissen wir, dass wir erhalten, was wir von ihm erbeten haben« (1. Joh. 5,14.15). *»Bittet, so* werdet ihr nehmen, dass eure Freude vollkommen sei« (Joh. 16,24).

Der Heilige Geist allein kann uns Christi Herrschaftsanspruch über uns zeigen und verdeutlichen; aber er, der das Verlangen nach Christi Herrschaft weckt, ermöglicht auch die Krönung. Er wird das Band, das uns an die Welt und ihre Freuden bindet, lösen und fest mit Christus verknüpfen – so fest, wie unser Vertrauen in ihn es nur zulässt. Er wird uns die tägliche Gnade schenken, das Kreuz aufzunehmen und ihm nachzufolgen. Wir können uns auf den mächtigen Heiligen Geist verlassen, dass er uns fähig macht, Jesus immer unseren Herrn zu nennen.

Seine Arbeit hört nicht etwa mit diesem ersten Krönungsakt auf. Er wird uns fortwährend neue Gebiete in unserem Leben erschließen, die wir unter Christi Zepter bringen sollen, denn das christliche Leben kennt keine Grenzen des Wachstums. Er wird mit uns nach dem Grundsatz fortwährender Kapitulation verfahren, um immer mehr Lebensbereiche unter seine Herrschaft zu bringen.

Es liegt in unserer Macht, unser Leben der souveränen Führung Christi zu entziehen, uns zu weigern, ihn zum Herrn aller Herren zu krönen; allerdings zahlen wir damit den traurigen Preis, dass unser Leben niemals wirklich und voll ausgeschöpft wird.

Der Organist einer Dorfkirche spielte einst ein Stück von Mendelssohn, und er spielte es nicht sehr gut. Ein Fremder, der zufällig die Kirche betrat und zuhörte, ging auf den Organisten zu mit der Bitte: »Herr, darf ich für einen Augenblick Ihre Orgel spielen?«

»Auf gar keinen Fall«, war die entrüstete Antwort. »Niemand außer mir spielt hier.«

»Ich wäre Ihnen aber so dankbar, wenn Sie mir kurz die Erlaubnis gäben«, beharrte der Fremde. Aber er stieß auf schroffe Zurückweisung. Erst beim dritten Versuch durfte sich der Fremde auf die Orgelbank setzen. Er stellte die Register richtig ein und begann, das gleiche Stück noch einmal zu spielen. Aber mit welch einem Unterschied! Die ganze Kirche schien mit himmlischer Musik erfüllt zu sein. Der Organist warf ihm einen misstrauischen Blick zu und fragte: »Wer seid Ihr?« Bescheiden erwiderte der Fremde: »Ich bin Mendelssohn.«

»Was«, rief der Organist, »und ich wollte es Ihnen versagen, auf meiner Orgel zu spielen!«

Genauso handeln wir an Christus, wenn wir ihn nicht das Instrument unseres erlösten Lebens stimmen und darauf himmlische Melodien spielen lassen.

6. Das hingegebene Leben

»Ich ermahne euch nun, liebe Brüder, durch die Barmherzigkeit Gottes, dass ihr eure Leiber zum Opfer gebt, das da lebendig, heilig und Gott wohlgefällig sei. Das sei euer vernünftiger Gottesdienst.« (Röm. 12,1)

Jeder kann selbst entscheiden, welche Art christlichen Lebens er führen will.

Auf den ersten Blick scheint das frühere Leben attraktiver zu sein und mehr Freude zu versprechen. Aber sobald man sich darauf einlässt, hält es nichts von dem, was es versprochen hat. Das Leben mit Jesus hingegen scheint, oberflächlich betrachtet, schwierig zu sein und hohe Anforderungen zu stellen – und das stimmt; aber sobald man dieses Leben zu führen beginnt, erweist es sich als ein Leben wahrer Freude und Freiheit. Für solch ein Leben völliger Hingabe verwendet sich der Heilige Geist in dem oben zitierten Vers.

Die Sprache der Hingabe

– »Ich ermahne euch nun«

Wie die Geschichte der Heiligen aller Zeiten zeigt, wird das dargebrachte Leben als Antwort auf einen göttlichen Ruf begonnen. Manche erhalten diesen Ruf bei ihrer Bekehrung; bei den meisten jedoch kommt er später. Es liegt eine zarte und herzliche Bitte im Aufruf des Paulus: »Ich ermahne euch nun.« »*Parakleo*« heißt es im Griechischen, und da klingt das Trösten, Zusprechen, Stärken mit, das wir im großen Tröster, dem Heiligen Geist, finden. Es war ein Lieblingswort des Apostels und auch seines Meisters. Er machte ihnen keinen Vorwurf und erteilte keine Verweise, er ermutigte nur an Christi statt. Es hört sich an, als wenn er zu Füßen seines eigensinnigen und selbstgefälligen Kindes kniete und es nun anflehte, sein Leben der Führung des Einen anzuvertrauen, dessen Weisheit ohne Ende und dessen Liebe höher ist als alle Vernunft.

Die Subjekte der Hingabe

– »Brüder«

Der Aufruf dieses Bibelwortes ergeht an alle, die durch den Glauben an Christus Gottes Kinder geworden sind und deren sich Christus nicht schämt, sie »Brüder« zu nennen. Der göttliche Aufruf zur Hingabe gilt dem Herzen und dem Körper.

Wenn wir der Bitte nachkommen: »Gib mir, mein Sohn, dein Herz«, dann sollen wir ihm auch unseren Körper hingeben, der das Instrument der Sünde oder der Gerechtigkeit sein kann. Wer nicht Christi Eigentum ist, ist »tot in seiner Sünde« und kann daher nicht zur Hingabe aufgefordert werden.

Das Motiv der Hingabe

– »durch die Barmherzigkeit Gottes«

Solch ein drastischer und revolutionärer Wechsel wie die Verlagerung der Lebensmitte vom Ich auf Christus muss notwendigerweise einen starken Beweggrund haben. Sobald wir entdecken, wie tief sich das Ich-Leben in unserem Herzen und Willen verschanzt hat, könnten wir wohl verzweifeln, wenn wir solch einen starken Beweggrund in uns selbst suchen. Der Text versichert uns, dass das entsprechende Motiv gefunden ist, aber nicht in uns selbst, sondern in der Barmherzigkeit Gottes.

Um zu erfahren, wie diese Barmherzigkeit oder dieses Erbarmen aussehen, wird es nötig sein, zu den ersten acht Kapiteln des Römerbriefes zurückzublättern. Welch ein Sternhaufen unverdienter Barmherzigkeiten begegnet uns da! Hier drei besonders strahlende:

Eine Zusage der Vergebung für die Vergangenheit: »Selig sind die, denen ihre Ungerechtigkeiten vergeben und denen ihre Sünden bedeckt sind!« (Röm. 4,7)

Eine Zusage des Friedens für die Gegenwart: »Sind wir nun gerecht geworden durch den Glauben, so haben wir Frieden mit Gott durch unseren Herrn Jesus Christus« (Röm. 5,1).

Eine Zusage der Kraft für die Zukunft: »Denn die Sünde

wird nicht herrschen können über euch, die ihr ja nicht unter dem Gesetz seid, sondern unter der Gnade« (Röm. 6,14).

Dies sind Beispiele der mannigfaltigen Barmherzigkeiten, von denen der Apostel spricht; genügen sie etwa nicht als Motiv dafür, dass wir unser Leben dem Einen hingeben, der es uns geschenkt hat?

Die Art der Hingabe

– »darbieten als Opfer«

In Christi Kampftruppe gibt es nur Freiwillige. Ein Dienst, dem nur Pflichtgefühl zugrunde liegt, genügt ihm nicht. Die Darbietung als Opfer ist ein Akt des freien menschlichen Willens, der schon oft seine Wahl in entgegengesetzter Richtung, nämlich zugunsten seiner eigenen Interessen, getroffen hat.

Das Verb darbieten oder darbringen wird hier im Aorist gebraucht, in einer griechischen Verbform, die einen gerade im Augenblick zu vollziehenden, aber ein- für allemal geltenden Akt bezeichnet. Er braucht bei einer monatlichen Heiligungsversammlung oder bei einer Jahreskonferenz nicht wiederholt zu werden. Er könnte und sollte jedoch aufs Neue *bekräftigt* werden, wenn dies aufgrund einer Erkaltung unseres Herzens notwendig geworden ist. Wenn Eheleute einmal Streit haben, so ist es nicht erforderlich, dass sie sich danach noch einmal heiraten. Wenn sie klug sind, wird einer dem anderen seine Schuld bekennen und das Ehegelübde bekräftigen. Und genauso wie das Ehebündnis ist auch dieser Akt des sich als Opfergabe Darbietens zu heilig, als dass er einfach gebrochen werden könnte.

Mit der Opfergabe unseres Leibes erkennen wir an, dass der Leib nicht uns selbst gehört, sondern dass er zu einem unermesslich hohen Preis, nämlich dem Lebensblut Christi, unseres Herrn, erkauft ist, in dessen Dienst er nun stehen soll.

Das Gebiet der Hingabe

– *»eure Leiber«* – 1. Korinther 6,19–20

Warum unsere Leiber? Warum nicht unsere Herzen oder

unsere Sinne oder unseren Geist? Diese Leiber aus Erde sind sicherlich kein würdiges Geschenk für den König der Könige. Paulus sagt, warum wir unseren Leib Gott ausliefern sollen.

»Wisset ihr nicht, dass euer Leib ein Tempel des Heiligen Geistes ist, der in euch ist, den ihr von Gott habt, und seid nicht euer eigen? Denn ihr seid teuer erkauft; darum preiset Gott an eurem Leib!«

Unsere Leiber besitzen das hohe Vorrecht, den Heiligen Geist zu beherbergen und Träger seiner Selbstoffenbarung zu sein. Jeder hat dabei seine eigene Rolle zu spielen. »... sondern ergebet euch selbst Gott, als die da aus den Toten lebendig sind, und eure Glieder zu Waffen der Gerechtigkeit« (Röm. 6,13). Gott will, dass wir ihm unser ganzes Sein zur Verfügung stellen; nicht nur unsere Zeit, unsere Fähigkeiten oder unser Geld, sondern uns selbst.

Ein Prediger rief einst sehr eindringlich zu einer Opfergabe für den Dienst an den Menschen im Ausland auf, die um ihres Glaubens willen verfolgt und in Bedrängnis geraten waren. Viele Gemeindeglieder waren zutiefst bewegt und gaben freimütig. Unter den Zuhörern befand sich ein kleiner Junge, dessen Herz ebenfalls angerührt worden war, aber er besaß kein Geld, das er hätte geben können.

Sein Herz wurde immer trauriger, je näher der Opferteller an ihn herankam; dann plötzlich wurde er getröstet: Als ihm der Kirchenälteste den Teller gereicht hatte, stellt ihn der Junge auf den Boden und stellte sich darauf. Dieser schlichte Akt seiner Selbsthingabe brachte die Herzen der ganzen Gemeinde zum Schmelzen. Wie die Mazedonier, so schenkte auch er sich zuerst selbst – Leib und Seele – dem Herrn. Lasst uns doch aufhören, unsere Leiber dem einen zu entziehen, der sie mit seinem Blut losgekauft hat, und lasst uns statt dessen mit einstimmen in den Lobpreis Gottes!

Die Qualität der Hingabe

– »ein lebendiges Opfer«

Den toten Blutopfern des Alten Bundes wird das »lebendige Opfer« des Neuen Bundes gegenübergestellt. Damit ist nicht nur gesagt, dass wir Christus Opfer darbringen sollen; es ist etwas Tieferes und Fundamentaleres gemeint. Es wäre einfacher, einmal für Christus zu sterben, als – wozu wir hier aufgefordert sind – ein um seinetwillen lebenslang dargebrachtes Opfer zu sein.

Paulus bezeugte: »Ich sterbe täglich.« Als Jesus seine Jünger berief, verschwieg er ihnen nicht das Ärgernis des Kreuzes. Er versprach ihnen auch nicht, dass auf ihrem Lebensweg Rosen gestreut würden. Stattdessen forderte er sie heraus: »Wer mir folgen will, der verleugne sich selbst und nehme sein Kreuz auf sich täglich und folge mir nach« (Luk. 9,23). Später – im gleichen Kapitel – wies er taktvoll jene zurück, die ihm zwar freiwillig nachfolgen wollten, aber vorher die Kosten nicht überschlagen hatten. Das hingegebene Leben ist gekennzeichnet durch ständige Selbstaufgabe, es ist aber gleichzeitig ein Leben reinster Freude.

Unser Herr verlangt niemals etwas von uns, was er nicht selbst schon getan hat. Sein ganzes Leben war ein anhaltendes Hinopfern seiner selbst, das seinen Höhepunkt im Opfertod am Kreuz fand. Wenn er sagt: »... der folge mir nach«, heißt das, dass er selbst den Weg schon gegangen ist.

Die Darbringung des Opfers setzt sich fort in einem Leben ständiger Auslieferung. Es soll ein lebendiges Opfer sein, und Leben schließt Fortschritt ein. Unsere Aufgabe ist es, Gott alles darzubringen, was er nach unserer Erkenntnis heute von uns fordert. Wenn wir dem Licht folgen, mit dem er heute unsere Erkenntnis erleuchtet, wird der Heilige Geist uns neue Bereiche erschließen, die wir hingeben können.

Auf die Bitte: »Verraten Sie mir das Geheimnis Ihres großen Erfolges?« erwiderte einst General Booth, der Gründer der Heilsarmee: »Soweit ich weiß, habe ich Gott alles anheim gestellt, was ich bin und habe. Es gibt Männer, die mehr Verstand besitzen und bessere Möglichkeiten haben als ich; aber von dem Tage an, als Gott mir die Vision schenkte, wie und was er in dem armen alten London alles wirken könne, beschloss ich, Gott alles das hinzugeben, was an

William Booth dran war.« Das ist ein lebendiges Opfer, und die Welt konnte seine Früchte sehen.

Das Wesen der Hingabe

– »heilig«

Der Christ, der sich Gott ausliefert, wird ihm absolut untertan sein. Er wendet sich aus freien Stücken und frohen Herzens von der Welt mit ihrer Lust ab und mit seinem ganzen Sein Christus zu. Er hat endgültig mit der Sünde gebrochen, jener Macht, der er bisher allzu willig zu Diensten gestanden hatte, und nun bringt sein Leben Frucht, jetzt lautet sein Lebensmotto: »Christus ist mein Leben.«

Das Ziel der Hingabe

– »Gott wohlgefällig«

Wenn der Christ sein Leben Gott ausliefert, so kann er das schlecht in der Hoffnung auf materiellen Gewinn oder persönlichen Nutzen tun. Er kann sich auch nicht von der Angst vor persönlichem Nachteil oder Leiden treiben lassen. Hier gilt nur der aufrichtige Wunsch, Gott zu gefallen. Das ist die Bedeutung des Wortes »wohlgefällig« = angenehm. Die Hingabe der teuer erkauften Kräfte unseres Seins bereitet Gott Freude, und das ist mehr als Ziel und Sinn des ganzen Einsatzes. Mit welch einem Eifer würden selbst die Engel im Himmel die Gelegenheit, die uns angeboten wird, ergreifen! Und wenn wir damit Gott Freude bereiten, dann tragen wir gleichzeitig zu unserer eigenen Freude bei, denn Gottes Freude und die unsere sind nicht voneinander zu trennen.

Die Logik der Hingabe

– »ein vernünftiger Gottesdienst«

Wenn Christus uns um völlige Auslieferung unserer Leiber bittet, so fordert er damit nichts Unmögliches. Im Gegenteil: Es ist eine zwangsläufige Folge der Tatsache, dass wir alle die Segnungen annehmen, die uns durch die Gemeinschaft mit Christus zufließen. Es ist ein logischer Akt, denn es hat Gott gefallen, sich menschlicher Instrumente zu bedienen, um seinen Heilsplan für die Menschenwelt zu verwirklichen. Es ist logisch im Hinblick auf das, was wir als seine Bluterkauften unserem Gott als unserem Befreier schuldig sind.

Die Folge der Hingabe

– »nehmt den neuen Menschen an«

Wenn diese Umwandlung einmal vollzogen ist, kann unser Leben nie mehr das alte sein. Wir sind zwar immer noch fehlerbehaftete, sterbliche Wesen und vielen menschlichen Unzulänglichkeiten ausgesetzt, nur mit dem einen Unterschied, dass der innewohnende Heilige Geist nunmehr ungehindert unseren Leib und all seine Glieder beherrscht. Nun kann er auch durch uns in Kraft wirken. Unsere menschliche Schwachheit braucht dabei kein Hindernis zu sein. »Alle Heiligen Gottes waren schwache, sterbliche Menschen, die allerdings große Dinge für Gott taten, weil sie fest damit rechneten, dass Gott mit ihnen ist«, sagte Hudson Taylor.

Zur Eröffnung einer Evangelisation in New York sagte D. L. Moody: »Wenn Gott einen Berg versetzen will, dann nimmt er keine Eisenstange, sondern einen Wurm (Jes. 41,14.15). Tatsache ist, dass wir selbst zu viel Kraft besitzen. Wir sind ihm nicht schwach genug. Das, was uns fehlt, ist nicht die eigene Stärke; ein Tropfen von Gottes Kraft ist mehr wert als alle Menschenkraft.«

Einst versammelte sich in Dublin in den frühen Morgenstunden ein Gruppe von gläubigen Männern und Frauen zu einer Gebets- und Heiligungsstunde, unter ihnen auch Moody. In einem Augenblick allgemeiner Stille sagte einer der Anwesenden: »Die Welt soll es noch erleben, was Gott mit und für und durch und in einem Menschen tun kann, der sich ihm völlig ausgeliefert hat.«

Diese Zwischenbemerkung bewegte Moody zutiefst. Zwei Tage später, während Spurgeon predigte, stand sie plötzlich wieder lebendig vor seiner Seele. Hier seine eigenen Worte darüber: »Ein Mensch. Irgendein beliebiger Mann. Er sagte nicht, dass er gebildet, hochintelligent oder sonst etwas Ähnliches sein müsse! Nur einfach ein Mensch!« Nun denn, durch den Heiligen Geist, der in ihm war, wäre er durchaus ein solcher Mensch. Und dann erlebte er plötzlich von der Empore aus, auf der er sich gerade befand, etwas, was er noch nie zuvor kennen gelernt hatte – es war nicht Spurgeon, der hier am Worte diente, sondern es war Gott selbst. »Und wenn Gott Mr. Spurgeon gebrauchte, warum sollte er nicht auch alle anderen von uns gebrauchen können, und warum warfen wir uns nicht ganz einfach ihm zu Füßen und sagten: ›Meister, hier bin ich, sende mich!‹« Gott will aus uns weder einen Moody noch einen Spurgeon noch einen Billy Graham machen; doch wenn wir dem inbrünstigen Flehen aus Römer 12,1 folgen, wird er uns zu Gefäßen machen, die der Meister brauchen kann.

7. Das Innewohnen Christi

»Erkennt ihr euch selbst nicht, dass Jesus Christus in euch ist?« (2. Korinther 13,5)
»Christus lebt in mir.« (Galater 2,20)

In keiner der Religionen erhebt der Urheber den Anspruch, in der Person lebendig zu sein, die an ihn glaubt. Diesen Anspruch erhebt nur einer: Jesus Christus. Er besteht darauf, seine Nachfolger zu beeinflussen, und zwar nicht von außen, sondern von innen. Diese Lehre und diese Erfahrung finden wir nur im Christentum, sie sind einzigartig. Das Innewohnen Christi in dem Gläubigen ist eine der Grundlehren des Neuen Testaments. Es mag mystisch klingen, aber die Gegenwart des lebendigen Christus im Herzen des Gläubigen ist segenspendende Wirklichkeit. So wie der Saft, der den Baum durchdringt, köstliche Früchte hervorbringt, und wie das Blut im Körper des Menschen und des Tieres pulsiert und sich in einem kraftvollen Leben manifestiert, so wohnt Christus in der Tiefe des Geistes eines Gläubigen, um sein eigenes anziehendes Wesen in ihm Gestalt werden zu lassen.

Dr. G. Campbell schreibt in seinen Lebenserinnerungen: »Christus ist für mich die realste Sache in meinem persönlichen Leben. Er ist in meinem inwendigen Leben gegenwärtig. Ich brauche keine Pilgerreise zu unternehmen, um ihn zu finden. Er war aber nicht etwa schon immer in mir. Er kam durch das Einwirken des Heiligen Geistes, als ich in Gottes Bedingungen, die sein Erlösungswerk betreffen, einwilligte. Die Theorie findet ihre Bestätigung in der Praxis.« Dieses beredte Zeugnis eines ernsthaften Jüngers Jesu Christi soll man hören.

Das Neue Testament spricht von zwei an Größe alles andere übertreffenden Geheimnissen. Bei Paulus meint das Wort »Mysterium – Geheimnis« beinahe das Gegenteil von dem, was wir heute darunter verstehen. Paulus hat das Wort zeitgenössischen Religionen entlehnt, da bedeutete es eine Wahrheit oder einen Ritus, der nur einem auserwählten Kreis von Eingeweihten vorbehalten war. Nun bekommt das Wort eine andere Bedeutung – das Mysterium ist ein heiliges Geheimnis, tief verborgen und dem Menschen unzugänglich, es sei denn, er konnte es durch göttliche Offenbarung erfahren.

Die heidnischen »Mysterien« waren nur den wenigen bekannt, denen die Götter hold waren. Aber die Geheimnisse, von denen Paulus spricht, sind »jedem Menschen, der in Christus ist«, zugänglich (Kol. 1,28), und nicht etwa nur einer begrenzten Gruppe geistlicher Aristokraten. Unter erlösten Kindern Gottes gibt es keine besondere begünstigte Klasse.

Das erste der beiden Geheimnisse ist *die Fleischwerdung Gottes im Menschen Jesus.* »Und groß ist, wie jedermann bekennen muss, das Geheimnis des Glaubens: Er ist offenbart im Fleisch...« (1. Tim. 3,16). Das Geheimnis der Geheimnisse: der Ewige wird ein Kind, »dem Menschen gleich«.

Das zweite Geheimnis ist sogar noch größer: die Fleischwerdung Christi *im Leben des sich zum Opfer dargebrachten Gläubigen.* »Ihnen wollte Gott kundtun, was da sei der herrliche Reichtum dieses Geheimnisses unter den Heiden, welches ist Christus in euch, die Hoffnung der Herrlichkeit« (Kol. 1,27). Die Sprache, die Paulus hier spricht, zeigt, wie die Ehrfurcht vor dem Wunder dieses unfassbaren Geheimnisses ihn überwältigt. Das erste Geheimnis, *Christus für uns,* ist das Fundament unserer Erlösung.

Das zweite, *Christus in uns,* ist das Fundament unserer Heiligung.

Bevor wir uns nun der mehr praktischen Seite unseres Themas zuwenden, wollen wir noch seine biblische Begründung untersuchen.

Das Innewohnen Christi wird ständig in der Schrift gelehrt

Diese Lehre warf im Alten Testament ihre Schatten voraus. Das Wort des Herrn an Israel lautete: »Ich will meine

Wohnung unter euch haben und will euch nicht verwerfen. Und ich will unter euch wandeln und will euer Gott sein, und ihr sollt mein Volk sein« (3. Mo. 26,11.12). Paulus gebrauchte dieses Wort und schrieb:

»... wie denn Gott spricht: ›Ich will *unter ihnen wohnen* und wandeln und will ihr Gott sein‹« (2. Kor. 6,16).

Das wurde durch Christus selbst mit folgenden Worten vorausgesagt: »Wer mein Fleisch isst und trinkt mein Blut, *der bleibt in mir und ich in ihm*« (Joh. 6,56). Aber seine Jünger konnten seine Worte nicht begreifen. Und warum waren sie ihnen unverständlich? Weil diese Wahrheit nur durch die Erleuchtung des Heiligen Geistes erfasst werden kann, und zu jener Zeit »war der Geist noch nicht da, denn Jesus war noch nicht verherrlicht« (Joh. 7,39).

Wenn Christus nicht in unserem Leben verherrlicht wird und der Geist ihn uns nicht real werden lässt, sind wir genauso machtlos, die herrliche Tatsache von dem wahrhaftigen und buchstäblichen Innewohnen Christi in uns zu erfassen.

In jener denkwürdigen Nacht dort im Obergemach des Hauses offenbarte Jesus das Geheimnis noch klarer:

»An demselben Tag werdet ihr erkennen, dass ich in meinem Vater bin und ihr in mir *und ich in euch*« (Joh. 14,20).

»Wer in mir bleibt *und ich in ihm*« (Joh. 15,5).

»... damit die Liebe, mit der du mich liebst, in ihnen sei *und ich in ihnen*« (Joh. 17,26).

Diese Aussagen werfen ein helles Licht darauf, dass der, der uns liebt, sich nicht mit einer oberflächlichen Verbindung zum geliebten Objekt zufrieden gibt. Er will in der Tat in einem jeden Herzen wohnen, das seine Liebe erwidert.

In den Briefen von Paulus und Johannes wird diese Lehre noch weiter ausgeführt:

»*Wenn aber Christus in euch ist, so ist* der Leib zwar tot um der Sünde willen, der Geist aber ist Leben um der Gerechtigkeit willen« (Röm. 8,10).

»Oder erkennet ihr euch selbst nicht, dass *Jesus Christus in euch* ist?« (2. Kor. 13,5).

»... sondern *Christus lebt in mir*« (Gal. 2,20).

»... dass *Christus wohne* durch den Glauben *in euren Herzen*« (Eph.3,17).

»*Christus in euch,* die Hoffnung der Herrlichkeit« (Kol. 1,27).

»... der, *der in euch ist,* ist größer, als der in der Welt ist« (1. Joh. 4,4).

Die Frage, die wir uns zu stellen und zu beantworten haben, ist, ob dieses beeindruckende Aufgebot an biblischen Verheißungen in irgendeinem realistischen Verhältnis zu unserer persönlichen Erfahrung steht. Haben wir nur einen fernen Christus, der uns gelegentlich aufsucht oder ist sein persönliches, ständiges Innewohnen in unserem Herzen echte Realität, deren wir uns immer bewusst sind?

Es ist unmöglich, die Apostelgeschichte zu lesen, ohne von der Tatsache berührt zu werden, dass die ersten Christen fest mit seiner lebendigen Gegenwart rechneten und er ihnen stets nahe war.

Wodurch wurden denn die verzagten, ängstlich um sich selbst besorgten und selbstsüchtigen Jünger in mutige, aufopferungsvolle Streiter Christi umgewandelt? Durch kein anderes Erlebnis als das Pfingstgeheimnis, als der auferstandene Christus mit seiner Gegenwart sich vor ihnen verherrlichte. Feigheit, Neid und Selbstsucht mussten aus den Herzen derer weichen, die Christus aufgenommen hatten, damit er Wohnung in ihnen nehmen konnte.

Überhaupt: Wann begann denn die großartige Karriere des Paulus? Als er von dem Lichte der Offenbarung Christi auf dem Weg nach Damaskus geblendet wurde? Das war gewiss eine ungeheuerliche Krise. Aber seine glänzende Laufbahn begann nicht damit, dass Jesus ihm in einem rein äußerlichen Licht erschien. Er spricht von dem Erlebnis einer inwendigen Offenbarung – »da es aber Gott wohlgefiel ... dass er *seinen Sohn offenbarte in mir*« (Gal. 1,15.16). Er hatte Jesus bereits gesehen, sitzend zur Rechten Gottes; doch nun wurde er ihm offenbart als der in seinem unwürdigen Herzen wohnende Jesus. Nun war er in der Lage zu sagen: »Ich lebe; doch nun nicht ich, sondern *Christus lebt in mir* (Gal. 2,20). Er war imstande, die Sünde zu besiegen, alle Härten seines Lebens zu ertragen und das Unglaubliche zu erlangen – nicht etwa durch sein menschliches Talent, sondern durch Christus, der in ihm war.

Es ist bemerkenswert, dass der Erfahrung des Paulus »Christus lebt in mir« das Zeugnis »ich bin mit Christus gekreuzigt« vorausgegangen war. Unser Leben kann nur insoweit eine erneute Fleischwerdung Christi erfahren – nämlich in uns! – als wir unser altes Ich-Leben in seinen Tod am Kreuz geben, und indem wir »ja« dazu sagen, ein gekreuzigtes Leben der Selbstverleugnung zu führen. Dann ist der Heilige Geist imstande, den Herrn in uns zu offenbaren, und zwar nicht nur als den Christus zur Rechten Gottes, sondern auch als den innewohnenden Erlöser.

Er ist die Tatsache, die wir wissen sollen; die Erfahrung, die wir machen sollen; und das Zeugnis, das wir mit anderen teilen sollen.

Eine Tatsache, die wir wissen sollen

Keine Zusage, auf deren Erfüllung man hofft, sondern eine Tatsache, an die man glaubt, und mit der man, weil sie wahr ist, rechnet. Kein Traum von Pantheismus oder göttlicher Immanenz, keine Redensart oder ein Produkt unserer Einbildungskraft, sondern eine fundierte, zuverlässige Tatsache.

»Oder erkennt ihr euch selbst nicht, dass *Jesus Christus in euch ist?*« (2. Kor. 13,5).

»*.. . der in euch ist*« (1. Joh. 4,4).

Einige von uns mögen jetzt protestieren, weil dies außerhalb ihrer Erfahrungswelt liegt, und weil sie vom »Christus in euch« nichts spüren. Zugegeben, es ist etwas Mystisches in dieser Wahrheit, aber das sollte uns nicht stören, da wir andere geheimnisvolle Tatsachen ohne weiteres hinnehmen. Verstehen wir etwas von unseren Gefühlen in unserem Inneren? Spüren wir das Blut durch unsere Adern fließen? Wenn ja, dann sollten wir schnell einen Arzt aufsuchen! Und doch akzeptieren wir diese Tatsachen problemlos und leben mit diesen Geheimnissen.

Es besteht ein Unterschied zwischen einer Tatsache und

dem Bewusstwerden dieser Tatsache. In unserem Fall geht der persönlichen Annahme der Tatsache, also dem Bewusstwerden: »Christus wohnt in mir«, die freudige Erwartung voraus, denn Christus wohnt in unserem Herzen durch den Glauben, und der Glaube braucht immer eine Tatsache, auf die er sich gründet.

Es gibt keinen Mann und keine Frau, die an Christus glauben und Christus nicht in ihrem Herzen hätten; doch weil wir ihn in uns noch nicht wahrgenommen haben, weil wir von seiner Gegenwart noch keinen Gebrauch gemacht haben, weil wir im Blick auf sein Innewohnen ungläubig waren, hält er sich vor unseren Augen verborgen; seine Gegenwart ist in einen Nebel gehüllt. Wir dürfen Gott darum bitten, dass die Hand, die den Vorhang des Tempels von oben bis unten in zwei Stücke zerriss, auch den Schleier vor unserem inwendigen Leben hinwegtun möge, damit Christus, der in unserem Herzen wohnt, sich uns offenbaren kann.

Obwohl wir in einem nach-pfingstlichen Zeitalter leben, befinden sich einige der Christen in Wirklichkeit geistlich noch in einem vor-pfingstlichen Stadium. Wie die Jünger, haben auch sie erfahren, dass Christus mit ihnen ist, aber nicht, dass er in ihnen ist, weil sie es entweder nicht wissen oder an diese Tatsache nicht glauben. Der erste Schritt wäre es nun, die eindeutig offenbarte Tatsache als die Wahrheit anzunehmen, und dann wirst du zu dem eigentlichen Erlebnis durchdringen.

Der im Herzen des Gläubigen wohnende Christus, diese unumstößliche, buchstäbliche Tatsache, darf nicht herabgemindert werden in ein »Ihm-ähnlich-sein«, »seinem Beispiel folgen« oder dergleichen. Ein toter Plato mag so vielleicht seine Anhänger beeinflussen, aber das ist nicht die Art, wie der lebendige Christus seine Jünger beeinflusst. Dieses Innewohnen kann dauerhaft und ohne Unterbrechung geschehen. Und wenn Jesus fortwährend und ungeteilt in unserem Geist und in unserem Bewusstsein wohnt, wird sich unser tägliches Leben verändern. Gott will, dass Christus ununterbrochen in unserem Herzen lebt.

Bist du dir dessen bewusst, dass er auch in dir lebt? Das Innewohnen Christi ist auch:

Eine Erfahrung, die wir machen sollen

Wenn Paulus für die Epheser betet: »... dass Christus in euren Herzen wohne durch den Glauben«, dann scheint das auf den ersten Blick dem oben Gesagten zu widersprechen: dass nämlich das Innewohnen Christi eine Tatsache ist, ob wir uns ihrer bewusst sind oder nicht. Und wenn Christus schon im Herzen der Briefempfänger ist, warum betet er dann noch darum?

Die Erklärung ist leicht zu finden. Im Korintherbrief stellt Paulus die Tatsache heraus. Im Epheserbrief will er zur persönlichen Erfahrung dieser Tatsache führen. Der Schlüssel zu diesem Problem liegt in dem Wort »wohnen« (nach Werner de Boor, »leben« oder »ansiedeln«), also festen Wohnsitz nehmen. Angenommen, der Herr ist in mir, aber ist er damit, dass er in mir ist, auch gleichzeitig in mir zu Hause? Genießt er Vertrauen, ungezwungene Beziehungen? Ist Christus durch uns in die Lage versetzt, sich in unseren Herzen als seinem ständigen Wohnsitz niederzulassen?

Auch hier ist das Wort »wohnen« im Aorist gebraucht und zeigt einen endgültigen, entscheidenden Akt an. Es zeigt darüber hinaus eine Erfahrung an, die der Kernpunkt unseres Lebens sein könnte. Es ist keine rein intellektuelle Aufnahme, denn Paulus sagte nicht: »auf dass Christus in eurem *Verstand* wohne«, sondern »in euren *Herzen*«. Im Neuen Testament schließt das Wort »Herz« sowohl das Unterbewusstsein als auch das Bewusstsein ein. Wenn Christus in einem Herzen zu Hause ist, wird er von dort aus auch imstande sein, den Verstand zu erleuchten, den Geist zu reinigen, die Gefühle zu überwachen und den Willen zu stärken. (Werner de Boor sagt: »Christus zieht ein und schmückt die leere Wohnung mit Kräften des Himmels...«)

Scheint es uns unmöglich, inmitten der Geschäftigkeit unseres Alltags und seinen Belastungen Christi innewohnender Gegenwart als ständiger Wirklichkeit bewusst zu werden? Keineswegs. Das sollen uns vertraute Beispiele aus dem Alltag zeigen.

Ein Buchhalter nimmt seine Rechnungsbücher eines Abends mit nach Hause, um eine eilige Arbeit zum Abschluss zu bringen. Seine Frau sitzt neben ihm und liest. Obwohl er mit seinen Gedanken völlig in seine Zahlenkolonnen vertieft ist – und ein Mann kann nicht gleichzeitig an seine Frau und die Zahlen denken –, erfreut er sich dennoch ihrer Gegenwart, auch wenn er sich in seinen Gedanken nicht mit ihr befasst.

Während eine Mutter sich auf ihre Hausarbeit konzentriert und mit ihren Gedanken ganz bei der Sache ist, ist sie sich dennoch ständig dessen bewusst, dass im Nebenzimmer das Baby in seinem Körbchen liegt. Es bedarf keiner besonderen Anstrengung, diesen Gedanken in ihrem Bewusstsein zu bewahren. Wieso nicht? Weil Herz und Sinn im Menschen eins sind – und Christus wohnt nicht nur im Geist, sondern auch im Herzen infolge unseres Glaubens.

Der Kaufmann, der mit der Lösung schwieriger Geschäftsprobleme beschäftigt ist, kann die Gegenwart Christi in der Tiefe seiner Seele genauso real empfinden wie dann, wenn seine Gedanken frei sind und über diese Tatsache nachdenken. Der Geist kann sehr beschäftigt sein, und doch freut sich das Herz in dem Bewusstsein der Gegenwart des innewohnenden Herrn.

Wenn jemand fragt: »Wie kommt man zu dieser Erfahrung?« gibt uns der biblische Text selbst die Antwort: »... dass Christus *durch den Glauben* in euren Herzen wohne ...« Das ständige, freudige Erleben setzt lebendigen und immer aktiven Glauben voraus. Der Glaube bezieht seine Stellung gegenüber der offenbarten Tatsache, nimmt sie als Wahrheit an und macht bei jedem Bedarf Gebrauch davon. Es ist *das gläubige Herz,* das nach Jesus verlangt und ihn willkommen heißt und in dem sich Christus nun niederlässt; und der Heilige Geist lässt seine Gegenwart lebendig und real erleben. »Und daran *erkennen wir,* dass er in uns bleibt: an dem Geist, den er uns gegeben hat« (1. Joh. 3,24). Ist es dies nicht, was Christus meint, wenn er sagt: »An demselben Tage« – an dem uns der Geist gegeben ist – »*werdet ihr erkennen,* dass ich in meinem Vater bin und ihr in mir und ich in euch« (Joh. 14,20). Das Innewohnen Christi bewirkt:

Ein Zeugnis, das wir mit anderen teilen

Des Paulus Gemeinschaft mit Christus war keine mystische Angelegenheit, sondern reales und ständiges Erleben; es machte ihn so sehr eins mit Christus, dass er ausrief: »*Christus ist mein Leben!*« Nicht »Ich lebe wie Christus« oder »... mit Christi Hilfe«, nein, sein Leben war mit dem Leben Christi in eine untrennbare Einheit der Gedanken und Sinne zusammengeschmolzen. Christus hat sich selbst in das Leben des Paulus eingesetzt.

Das Innewohnen Christi wird sich naturgemäß feststellen lassen. Wenn der »alte« Paulus – wie er behauptet – nicht mehr in ihm lebendig war, sondern Christus, kann man annehmen, dass Paulus dem innewohnenden Gast – oder Hausherrn? – immer ähnlicher wurde.

Verzehrte sich sein Herr in Liebe für die Verlorenen, so überrascht es uns nicht, wenn Paulus unter der Last seines Herzens schreibt: »Ich selber möchte verflucht und von Christus geschieden sein meinen Brüdern zugute, die meine Stammverwandten sind nach dem Fleisch« (Röm. 9,3). Lebte Christus ein Leben tiefster Selbstaufopferung, so bekundet auch sein Leibeigener: »Ich will gerne hingehen und hingegeben werden für eure Seelen. Wenn ich euch mehr liebe, soll ich darum weniger geliebt werden?« (2. Kor. 12,5).

Paulus konnte freudigen Herzens das Zeugnis der gläubigen Galater teilen: »So lebe nun nicht ich, sondern Christus lebt in mir.« Es ist nicht die Rede von einer Auslöschung der Persönlichkeit.

Unsere menschliche Persönlichkeit wird durch das Innewohnen Christi nicht verdrängt, etwa wie die Jungen einer Drossel von einem Kuckuck verschleppt werden können. Vielmehr ist es das Durchdrungenwerden der menschlichen Natur von Gottes Geist.

Die menschliche Persönlichkeit wird freiwillig und gewollt zur Wohnstatt Christi. Das Selbstbewusstsein wird beständig vom Christus-Bewusstsein durchleuchtet, d.h. es wird durch die Gegenwart Christi verändert, bereichert und bekräftigt. Wenn Christus in uns lebt, kann er für uns überwinden, sich aus uns überströmend ergießen, und der Mensch kann Christi göttliches Innewohnen ausleben.

Es ist die Aufgabe des Heiligen Geistes, die Fülle der Gnaden, Befähigungen, die durch die Innewohnung Christi in uns lebendig sind, zum Durchbruch zu verhelfen. Fehlt es uns an Liebe oder Geduld, an Frieden, Reinheit oder Kraft, an Mut oder Freude, so können wir es aus dem Einen, der in uns ist, schöpfen. Wir brauchen dann nicht mehr die Jünger, mit denen er nach Emmaus ging, um ihre persönliche Erfahrung zu beneiden; sie nahmen ihn nur eine Nacht bei sich auf. Wir können ihn alle Tage aufnehmen und uns seiner unverhüllten Gegenwart freuen. Das ist Gottes größtes Geheimnis in einem geheiligten Leben. Wer es erfasst und, von Sünde und Angst gereinigt, später wieder von Versuchungen bedrängt wird, der wird den Heiligen Geist flüstern hören: »Christus in dir!« Das gibt Sieg, Frieden und Segen.

8. Die Fülle des Heiligen Geistes

»Aber am letzten Tage des Festes, welcher der höchste war, trat Jesus auf, rief und sprach: Wen da dürstet, der komme zu mir und trinke! Wer an mich glaubt, wie die Schrift sagt, von des Leibe werden Ströme lebendigen Wassers fließen. Das sagte er aber von dem Geist, welchen empfangen sollten, die an ihn glaubten; denn der Geist war noch nicht da, denn Jesus war noch nicht verherrlicht.« (Joh. 7,37–39)

Unter den vielen Bildern, mit denen die Bibel das christliche Leben anschaulich macht, gibt es wohl kaum ein reizvolleres als dieses, das unser Herr selbst am letzten Tage des Laubhüttenfestes benutzte. Es war die Darstellung eines Lebens in unerschöpflicher Fülle und überströmendem Reichtum, zur Freude all derer, die durch den Glauben mit ihm verbunden sind.

Diese Worte waren die Vorboten für das Ausgießen des Heiligen Geistes – zu Pfingsten auf die Urgemeinde und später auf alle Gläubigen, denn »euer und eurer Kinder ist diese Verheißung und allen, die ferne sind, so viele der Herr, unser Gott, herzurufen wird« (Apg. 2,39).

Bei der Ordinierung Aarons als Hohepriester wird das gleiche Thema in einer Bildhandlung dargestellt: So verschwenderisch wurde das heilige Öl auf Aarons bedecktes Haupt gegossen, dass es an seinem Körper herunterlief, bis zum Saum seines priesterlichen Gewandes. »Es ist wie das feine Salböl auf dem Haupte Aarons, das herabfließt in seinen Bart, das herabfließt zum Saum seines Kleides« (Ps. 133,2).

Pfingsten enträtselt diesen symbolischen Akt. Auf Christus, unseren Hohepriester, wurde der Heilige Geist in unermesslicher Fülle herabgegossen (Joh. 3,34). Die Salbung geschah in solcher Fülle, dass das Öl seinen Leib – die Gemeinde – überströmte und bis zum letzten und geringsten Glied reichte – zum Saum seines Kleides. Aber heute leben Tausende von Christen, als habe es nie ein Pfingsten gegeben, und als stünde es ihnen nicht zu, teilzuhaben an der pfingstlichen Ausgießung des Geistes. In dieser Tatsache wurzelt unsere persönliche und kollektive Machtlosigkeit und Begrenztheit.

»Wenn ich mir überlege, dass ich schon so viele Jahre Christ bin und mir bis heute morgen noch nicht dessen bewusst war, dass der Heilige Geist auch in mir so mächtig sein könnte«, klagte der Älteste einer großen Gemeinde, als er eine Predigt über dieses Thema hörte. Bedauerlicherweise gibt es außer ihm noch viele, viele andere, die in demselben Unwissen leben.

Es war eine Gruppe von geistlich begabten Christen, »mit allerlei geistlichem Segen« gesegnet (Eph. 1,3), mit dem Geist versiegelt (Eph. 1,13), die das Unterpfand des Geistes empfangen hatten (Eph. 1,14), und an diese Gruppe von Menschen erging der unüberhörbare Ruf: »Saufet euch nicht voll Wein, daraus ein unordentlich Wesen folgt, *sondern werdet voll Geistes!«* (Eph. 5,18).

In dieser Gegenüberstellung liegt sowohl eine Entsprechung als auch ein Gegensatz. Wie der Wein, so erzeugt auch die Fülle des Geistes übernatürliche Ausdrucksformen wie Kühnheit, Kraft, Optimismus. Der Mensch in seiner Trunkenheit fürchtet sich vor niemandem. Seine lallende Zunge ist gelöst. Er fühlt sich so stark wie jeder andere. Eigenes Versagen ist undenkbar. Er fühlt sich beflügelt durch eine Kraft, die gänzlich außerhalb seiner selbst liegt. So können auch die Auswirkungen eines mit dem Geist erfüllten, von Natur zaghaften Christen sein. Aber im Gegensatz zum Wein ist die Frucht der Geistesfülle Weisheit anstelle von Torheit, Selbstbeherrschung anstelle von Ausschweifung, Heiligkeit anstelle von Teufelswesen.

Das Wesen des geisterfüllten Lebens

Das geisterfüllte Leben ist das Leben eines Glaubenden, der sich Gott ausgeliefert hat und nun vom Heiligen Geist beherrscht, überwacht und ermächtigt wird – anders als der Trinker, der von einer chemischen Substanz im Wein beherrscht und kontrolliert wird. Es ist das Leben des auferstandenen Christus, das hineingestaltet ist in das Leben seines Kindes. Wenn der Christ das dreizehnte Kapitel des ersten Korintherbriefes zu seiner Erfahrung macht, es in sein Leben überträgt – das ist geisterfülltes Leben. Es ist der Kommentar zur Bergpredigt; es ist das Leben im Stil der Urgemeinde.

Der Sinn des geisterfüllten Lebens

Dieses Leben ist für den Alltag jedes Christen bestimmt. Es ist das im Neuen Testament dargestellte normale christliche Leben und nicht etwa einer auserwählten Gruppe von Heiligen vorbehalten, auch nicht nur für außergewöhnliche Lebensumstände bestimmt.

Ein junger Mann, der keine Bibelkenntnisse besaß, bekehrte sich. Er fing an, ohne irgendein Vorurteil das Neue Testament zu studieren und las die Evangelien mit einem überströmenden Herzen. Dies war das wahre Leben. Aber als er dann die Gemeindeglieder, mit denen er gemeinsam Gott diente, näher kennen lernte, bekam er einen Schrecken: Was für eine Diskrepanz zwischen dem apostolischen Beispiel und der Gemeindepraxis!

»War alles nur ein Traumbild?«, fragte er sich. War ein solches Leben überhaupt möglich? Er geriet ins Schleudern, ließ sich aber zu einem Konvent nach dem »Keswick«-Beispiel einladen. Hier wurde er mit dem »feinsten Weizen gespeist« und hatte Gemeinschaft mit vielen Christen, die ein Leben der Freude in der Fülle des Heiligen Geistes lebten. Nach einigen Tagen rief er hochbeglückt aus: »Sie haben es!« Er hatte in ihnen zumindest eine annähernde Ähnlichkeit mit dem Pfingstbeispiel erkannt.

Die Fülle des Geistes hat Gott für jeden und für jede Lebenslage vorgesehen. Den Ephesern erläutert Paulus den Weg, der zu dieser Fülle im häuslichen wie auch im geschäftlichen Leben führt, denn die Fülle des Geistes durchdringt alles, was zu unserem täglichen Leben gehört, jede Beschäftigung – gleich, ob im weltlichen oder im geistlichen Bereich, jung und alt, Männer wie Frauen.

Auch in diesem Heilsplan hat Gott keine begünstigte

Klasse vorgesehen. Es heißt: »alles Fleisch«; »Söhne und Töchter«; »Jünglinge und Jungfrauen«; »alte Menschen«; »eure Kinder«; »denen, die noch ferne sind«; »so viele der Herr, unser Gott, herzurufen wird...« Es hat also niemand auch nur den geringsten Anlass zu meinen, er sei für solch ein Leben nicht bestimmt. Unter den 120 Menschen, die sich damals am Tage des Pfingstfestes im Obergemach des Hauses versammelt hatten, waren Männer und Frauen, von denen die meisten unbedeutende, namenlose Christen blieben und dem Herrn in ihrer alltäglichen Berufung dienten. Nur elf von ihnen waren Apostel.

Dieses Leben ist für ganz gewöhnliche Christen in ihrem ganz gewöhnlichen Alltag bestimmt. In der Urgemeinde hatten manche Gläubige das Gefühl, es habe sich eine ungerechte Behandlung eingeschlichen, ihre bedürftigen Freunde und Verwandten seien benachteiligt worden. Da die Apostel aber ihren eigentlichen Ruf für den Dienst am Worte Gottes und am Gebet verspürten, waren sie nicht gewillt, diesen Dienst zugunsten der notwendigen Sozialarbeit zu opfern. Wie sie mit diesem Problem fertig wurden, kann der Gemeinde unserer Tage einen wichtigen und lehrreichen Aufschluss vermitteln. Denn selbst für den aktiven Dienst in der Sozialarbeit ihrer Gemeinde – die Verwaltung und Verteilung der Gelder und die Betreuung der Bedürftigen – wurden nur geisterfüllte Menschen zugelassen. »Darum, ihr lieben Brüder, sehet euch um nach sieben Männern, die einen guten Ruf haben und *voll heiligen Geistes und Weisheit sind,* welche wir zu diesem Dienst bestellen mögen« (Apg. 6,3).

Bei diesen Männern war die Fülle des Geistes nicht für das Wunderwirken oder das Predigen und Abhalten von Gottesdiensten bestimmt, sondern um sie fähig zu machen, alltägliche und unscheinbare Aufgaben zur Verherrlichung Gottes durchzuführen. Der lebensspendende Geist Gottes ist notwendig für jede Art von Arbeit in der Gemeinde.

Dieses Leben ist natürlich auch für ganz besonders berufene Christen und für ganz besonderen Dienst bestimmt. Es hat sich in gewissen Kreisen eine völlig ungerechtfertigte und absolut nicht schriftgemäße Ansicht breitgemacht, dass nämlich alle Gläubigen gleichermaßen berufen und innerlich dazu zubereitet seien, den Dienst eines Evangelisten oder Lehrers auszuüben. Die Lehren der Schrift lauten anders. »Und er hat etliche zu Apostel gesetzt, etliche zu Propheten, etliche zu Evangelisten, etliche zu Hirten und Lehrern, dass die Heiligen zugerüstet würden zum Werk des Dienstes. Dadurch soll der Leib Christi erbaut werden« (Eph. 4, 11–12). Für diese Aufgaben benötigten diejenigen, die von Gott besonders berufen waren, eine besondere Salbung mit dem Geist.

Petrus, der zusammen mit Johannes in Gefangenschaft war, wurde vor den Hohenpriester geführt, um das Wirken der Muttergemeinde zu verteidigen. Ihre ganze Zukunft wurde durch die Weisheit und die Überzeugungskraft seiner Antwort beeinflusst. Es war keine alltägliche Angelegenheit. Wie rüstete Gott ihn für dieses überraschend eingetretene, beispiellose Ereignis aus?

»Petrus, *erfüllt vom heiligen Geist,* sprach zu ihnen: Ihr Obersten des Volks und ihr Ältesten! Wenn wir heute verhört werden wegen dieser Wohltat an dem kranken Menschen, durch die er gesund geworden ist, so sei euch und allem Volk von Israel kundgetan, dass dieser hier in dem Namen Jesu Christi von Nazareth, den ihr gekreuzigt habt, den Gott von den Toten auferweckt hat, vor euch gesund steht... Sie sahen aber den Freimut des Petrus und Johannes und verwunderten sich; denn sie waren gewiss, dass es ungelehrte und einfache Leute waren, und wussten auch von ihnen, dass sie mit Jesus gewesen waren... Da drohten sie ihnen und ließen sie gehen und fanden nicht, wie sie sie strafen könnten, um des Volkes willen, denn sie lobten alle Gott über das, was geschehen war« (Apg. 4,8–10.13.21).

Durch die Betonung des Wortes »erfüllt« erfahren wir, dass es sich hierbei um ein besonderes, spontanes Erfülltsein mit dem Heiligen Geist handelt, das Petrus zu diesem besonderen Anlass zuteil wurde.

Als Paulus und Barnabas sich von Antiochien aus auf ihre erste Missionsreise begaben, war damit die gesamte

Zukunft der christlichen Gemeinde mit in die Waagschale geworfen. Würde sie nur eine örtliche Sekte werden? Oder würde sie sich zu einer weltweiten Gemeinde entwickeln? Sehr viel hing von einem erfolgreichen Ausgang dieser Reise ab.

Als die Missionare in Paphos ankamen, bekundete der Statthalter dieses Landstrichs ein tiefes Interesse an ihrer Botschaft. Aber gleichzeitig hielt Satan seinen Abgesandten bereit, um das begonnene Werk Gottes zu zerstören. Elymas, der Zauberer, der ihnen widerstand, »suchte den Landvogt vom Glauben abzuwenden«. Wie wird sich Paulus in dieser entscheidenden Situation verhalten? »Saulus aber, *erfüllt vom heiligen Geist,* sah ihn an und sprach: O du Kind des Teufels, voll aller List und aller Bosheit, Feind aller Gerechtigkeit, hörst du nicht auf, krumm zu machen die geraden Wege des Herrn? Und nun siehe, die Hand des Herrn kommt über dich, und du sollst blind sein und die Sonne eine Zeit lang nicht sehen! Und von Stund an fiel auf ihn Dunkelheit und Finsternis, und er ging umher und suchte jemand, der ihn bei der Hand leite« (Apg. 13,9–11).

In dieser ungewöhnlichen Situation erlebte Paulus ein besonderes Erfülltwerden mit dem Geist Gottes, das ihm Vollmacht verlieh, mit einem satanischen Widersacher fertig zu werden. Die Ausgießung des Geistes erfolgte hierbei sporadisch, das heißt, er empfing ihn je nach Bedarf. Für jedes außergewöhnliche Erfordernis hält Gott eine besondere Ausstattung mit seinem Geist bereit. Immer, wenn der Ruf an uns ergeht, einen besonders kritischen Auftrag auszuführen, dürfen wir eine besondere Zurüstung von Kraft und Mut erwarten.

Dieses Leben ist die Gelegenheit für das Fruchtbringen eines jeden Christen. Frucht ist das Ausströmen des Lebens. Der überfließende Lebenssaft der Wurzel findet seinen sichtbaren Ausdruck in der Frucht des Baumes. Von Seiten der Zweige geschieht das Fruchtbringen völlig unbewusst und ohne eigene Anstrengung. Alles, was der Baum zu tun hat, ist, unzertrennliche Verbindung mit der Wurzel zu halten. So verhält es sich auch mit den Gläubigen.

»... ich habe euch erwählt und gesetzt, dass ihr hingeht und Frucht bringet und eure Frucht bleibe« (Joh. 15,16).

Die Auswirkungen der Geistesfülle

Eines der hervorstechendsten Merkmale eines umgewandelten Lebens nach Pfingsten war das *unerschrockene Zeugnis* der Apostel. Aus Petrus dem Feigen wurde unmittelbar, nachdem er mit dem Geist erfüllt war, Petrus der Mutige. Auch die anderen Jünger, die Jesus bei seiner Gefangennahme alle verlassen hatten und geflohen waren und die sich sogar aus Angst vor den Juden noch zehn Tage vor Pfingsten hinter verriegelten Türen verborgen gehalten hatten, waren plötzlich umgewandelt.

»Ihr werdet meine Zeugen sein«, hatte Jesus zu ihnen gesagt. »Und sie *wurden alle des heiligen Geistes voll* und redeten das Wort Gottes mit *Freimut*« (Apg. 1,8; 4,31). Ich erinnere mich an ein schüchternes Mädchen, das so befangen war, dass es sich noch nicht einmal an einer ganz gewöhnlichen Unterhaltung über Alltagsthemen beteiligen konnte. Nachdem sie ihr Leben dem Herrn übergeben hatte und mit dem Geist Gottes erfüllt worden war, sprach sie mutig wie ein Löwe mit ihren gottlosen Arbeitskolleginnen und bezeugte ihren Herrn ganz frei. Sie hatte sich auf ihr eigentliches Recht zu leben besonnen und sich darauf berufen und war nun fähig, in aller Freimütigkeit ein lebendiges Zeugnis zu sein.

Aber die Fülle des Geistes bewirkt auch *die Kraft* zum Zeugendienst. »Ihr werdet aber *die Kraft* des Heiligen Geistes empfangen und werdet meine Zeugen sein«, lautete sein Versprechen. »Und *mit großer Kraft* gaben die Apostel Zeugnis von der Auferstehung des Herrn Jesus«, lautete die Erfüllung (Apg. 1,8; 4,33).

Wenn alle Prediger sich der Geistesfülle öffneten, gäbe es nicht so viel kraftloses Wirken und fruchtloses Predigen. Als der Herr seine Jünger dazu berief, die übermenschliche Aufgabe weltweiten Zeugendienstes zu übernehmen, stattete er sie mit der übernatürlichen Kraft des Heiligen Geistes aus, denn wo immer die Fülle des Geistes ist, da offenbart er seine

Kraft. »Und mein Wort und meine Predigt geschah nicht mit überredenden Worten menschlicher Weisheit, sondern aus Gottes *Kraft*«, bezeugte Paulus (1. Kor. 2,4).

Die Predigt des Petrus war nach seinem Pfingsterlebnis eine einzige fließende Logik, die sich in sprühendem Redefluss über seine Zuhörer ergoss. Und sie erreichte ihr Ziel: »Als sie aber das hörten, ging's ihnen durchs Herz und sie sprachen zu Petrus und zu den anderen Aposteln: Ihr Männer, liebe Brüder, was sollen wir tun?« (Apg. 2,37). Die Wirkung der Predigt des geisterfüllten Stephanus war, dass »sie der Weisheit und dem Geiste, aus dem er redete, nicht zu widerstehen vermochten« (Apg. 6,10). »Es ging ihnen durchs Herz.« Da gab es kein leeres und fruchtloses Gerede, kein frommes Geschwätz.

Jonathan Goforth arbeitete als Missionar und Erweckungsprediger in Korea. Während einer Krise in seinem geistlichen Leben begann er sich in die Lehren der Bibel über den Heiligen Geist zu vertiefen. Er stand täglich sehr früh am Morgen auf, um ungestört seine Bibel lesen zu können. Als seine Frau fürchtete, er würde eines Tages zusammenbrechen, und fragte, ob er es nicht ein wenig übertreibe, antwortete er: »Ich fühle mich wie jemand, der gerade eine Goldmine angezapft hat. Es ist einfach wunderbar. Wenn ich nur die anderen auch dazu bewegen könnte!«

Was war das Ergebnis dieser unvergleichlichen Fülle des Geistes, die er empfangen hatte?

Eines Abends sprach Goforth vor vielen Freunden – Heiden und Ungläubigen – und versetzte sie in eine große innere Unruhe. Als er über das Wort sprach: »Fürwahr, er trug unsere Sünden und lud auf sich unsere Missetat«, war auf den Gesichtern tiefe Betroffenheit abzulesen. Sündenerkenntnis war über sie gekommen. Als er dann zur Entscheidung aufrief, folgte beinahe jeder der Anwesenden dem Aufruf. Auch am darauffolgenden Tag suchten und fanden Menschen nach seiner Verkündigung das Heil in Christus.

Die Fülle des Geistes bereitet *für Leiden und Opfer* vor. Wer dieses Erlebnis nur mit einem ekstatischen Gefühlsausbruch und großen Erweckungen in Verbindung bringt, sollte einmal andere Bibelstellen darüber lesen, wie beispielsweise Apostelgeschichte 7,55–59:

»Stephanus aber, *voll heiligen Geistes,* sah auf gen Himmel und sah die Herrlichkeit Gottes und Jesus stehen zur Rechten Gottes und sprach: Siehe, ich sehe den Himmel offen und des Menschen Sohn zur Rechten Gottes stehen. Sie schrien aber laut und hielten ihre Ohren zu und stürmten einmütig auf ihn ein, stießen ihn zur Stadt hinaus und steinigten ihn... Er aber kniete nieder und schrie laut: Herr, rechne ihnen diese Sünde nicht an!«

Und Kapitel 9 ab Vers 15: »Der Herr sprach zu Ananias: Geh hin; denn dieser ist mir ein auserwähltes Rüstzeug... Ich will ihm (Paulus) zeigen, wie viel er leiden muss um meines Namens willen... Und Ananias sprach: Lieber Bruder Saul, der Herr hat mich gesandt, Jesus, der dir erschienen ist auf dem Wege, da du herkamst; du sollst wieder sehend und *mit dem heiligen Geist erfüllt werden.*«

Man beachte in beiden Fällen die innige Verknüpfung zwischen dem Leiden und der Fülle des Geistes. Wer musste so viel leiden wie der geisterfüllte Paulus? Es ist möglich, Gott in der Feuerprobe des Leidens ebenso zu verherrlichen wie in überströmender Freude einer Erweckungsbewegung.

Die Bedingungen für die Geistesfülle

Es gibt nichts derartiges wie »Drei einfache Schritte zum geisterfüllten Leben«, denn die Geistesfülle bewirkt eine erbarmungslose Ehrlichkeit vor uns selbst und ein radikales Vorgehen gegen alles, was den Heiligen Geist betrüben könnte. Und doch – wenn wir bereit sind, jeden damit verbundenen Preis zu zahlen, sind die Bedingungen nicht schwierig. Eine nähere Untersuchung der entsprechenden Schriftstellen scheint uns die folgenden vier Schritte aufzuzeigen, die uns zum praktischen Erleben der Geistesfülle hinführen:

1. *Bekennen.* Wenn du durch das, was zuvor gesagt wurde, Klarheit darüber erzielt hast, dass du bisher kein geist-

erfülltes Leben geführt hast, dass du nicht mit dem Geist erfüllt bist, dann gib diese Tatsache ehrlichen Herzens zu. Sprich es in der Gegenwart des Herrn aus.

Wenn du in deinem Leben Sünde geduldet hast, so bekenne auch dies und brich damit für immer. Das Rechte muss immer seinen rechten Platz behalten. Zweifelhafte Dinge müssen aufgegeben werden. Unrecht muss preisgegeben werden.

Wenn dies aufrichtigen Herzens geschehen ist, können wir uns auf die Verheißung berufen, dass diejenigen, die ihre Sünden *bekennen,* gereinigt werden sollen (1. Joh. 1,9).

2. *Bitten.* Da das Erfülltsein mit dem Geist etwas ist, das Gott von uns fordert, können wir zuversichtlich und beharrlich darum bitten, dass auch wir diese Erfahrung machen mögen. »So denn ihr, die ihr arg seid, könnt euren Kindern gute Gaben geben, wie viel mehr wird der Vater im Himmel den Heiligen Geist geben denen, die ihn *bitten!*« (Luk. 11,13) »*Bittet,* so wird euch gegeben« (Matth. 7,7).

Indem wir so bitten, ersuchen wir Gott nicht darum, uns den Heiligen Geist als Person zu geben, denn er hat ihn schon der ganzen Gemeinde gegeben. Die grammatikalische Konstruktion besagt vielmehr, dass Gott sein ganzes Wesen und Kraftwirken in uns ungehindert ausleben lassen will.

3. *Absagen.* Wenn Christus noch nicht als Herr und König den Thron unseres Herzens eingenommen hat, dann ist der Thron noch immer von dem unrechtmäßigen Machthaber, unserem Ich, besetzt. Die Fülle des Heiligen Geistes erleben nur diejenigen, die die Herrschaft Christi in ihrem Leben anerkennen, und die zu seinem Ruhm dem eigenen Ich-Leben absagen.

Als Petrus in einer Vision gezeigt wurde, dass er von »allerlei vierfüßigem und kriechendem Getier der Erde und von den Vögeln des Himmels« essen solle, das heißt, von all dem, was in dem leinenen Tuch vom Himmel hernieder gefahren und nach dem Gesetz zu essen verboten war (Apg. 10,14), lautete seine Antwort: »Nicht doch, Herr!« Petrus war sich seiner widersinnigen, ja in der Tat unmöglichen Haltung nicht bewusst. Wenn Christus in diesem Augenblick wirklich sein Herr gewesen wäre, hätte er niemals »Nicht doch, Herr!« zu ihm sagen können. Es dennoch zu tun, ist gleichbedeutend mit dem Verleugnen seiner Herrschaft.

Wie gleichen wir modernen Menschen doch dem Petrus! Wir mögen Jesus allenfalls noch Herr nennen, aber wie oft haben wir schon »Nicht doch, Herr« gesagt, wenn er uns dazu bewegen wollte, in einer Gebetsversammlung zu beten oder uns vor jemand anders zu ihm zu bekennen; wenn er uns genötigt hat, mit irgendeiner Sünde zu brechen oder eine zweifelhafte Sache aufzugeben; wenn er uns ermahnt hat, eine Geldsumme zurückzuerstatten oder einen Entschuldigungsbrief zu schreiben, wenn sein Ruf zum missionarischen Dienst an uns ergangen war; wenn er uns dahin führen wollte, ein Opfer zu bringen. Die Worte aus dem Munde eines geisterfüllten Christen lauten niemals: »Nicht doch, Herr«, sondern immer: »Ja, Herr und Meister.«

4. *Annehmen.* Es genügt nicht, nur darum zu bitten; wir müssen durch den Glauben das annehmen, was Gott uns verheißen hat und worum wir gebeten haben. Wie empfingen denn die Galater jenen so großen Segen? »Auf dass wir den verheißenen Geist *empfingen durch den Glauben*« (Gal. 3,14), lautete die Erklärung von Paulus. Wenn wir ehrlichen Herzens in Gottes Bedingungen einwilligen, können wir getrost mit der Erfüllung seiner Verheißung rechnen, die er am Pfingsttag zu Jerusalem gegeben hat (Apg. 1,8; 2,4).

9. Zeichen der Geistesfülle

»Und sauft euch nicht voll Wein, woraus ein unordentlich Wesen folgt, sondern lasst euch vom Geist erfüllen: Ermuntert einander mit Psalmen und Lobgesängen und geistlichen Liedern, singt und spielt dem Herrn in eurem Herzen und sagt Dank Gott, dem Vater, allezeit für alles, in dem Namen unseres Herrn Jesus Christus.
Ordnet euch einander unter in der Furcht Christi. Ihr Frauen, ordnet euch euren Männern unter wie dem Herrn. Denn der Mann ist das Haupt der Frau, wie auch Christus das Haupt der Gemeinde ist, die er als seinen Leib erlöst hat. Aber wie nun die Gemeinde sich Christus unterordnet, so sollen sich auch die Frauen ihren Männern unterordnen in allen Dingen.
Ihr Männer, liebt eure Frauen, wie auch Christus die Gemeinde geliebt hat und hat sich selbst für sie dahingegeben, um sie zu heiligen. Er hat sie gereinigt durch das Wasserbad im Wort, damit er sie vor sich stelle als eine Gemeinde, die herrlich sei und keinen Flecken oder Runzel oder etwas dergleichen habe, sondern die heilig und untadelig sei. So sollen auch die Männer ihre Frauen lieben wie ihren eigenen Leib. Wer seine Frau liebt, der liebt sich selbst. Denn niemand hat je sein eigen Fleisch gehasst; sondern er nährt und pflegt es, wie auch Christus die Gemeinde. Denn wir sind Glieder seines Leibes. »Darum wird ein Mann Vater und Mutter verlassen und an seiner Frau hängen, und die zwei werden ein Fleisch sein.« Dies Geheimnis ist groß; ich deute es aber auf Christus und die Gemeinde. Darum auch ihr: ein jeder habe lieb seine Frau wie sich selbst; die Frau aber ehre den Mann.
Ihr Kinder, seid gehorsam euren Eltern in dem Herrn; denn das ist recht. »Ehre Vater und Mutter«, das ist das erste Gebot, das Verheißung hat: »auf dass dir's wohlgehe und du lange lebest auf Erden.« Und ihr Väter, reizt eure Kinder nicht zum Zorn, sondern erzieht sie in der Ermahnung des Herrn.
Ihr Sklaven, seid gehorsam euren irdischen Herren mit Furcht

und Zittern, in Einfalt eures Herzens, als dem Herrn Christus; nicht mit Dienst allein vor Augen, um den Menschen zu gefallen, sondern als Knechte Christi, die den Willen Gottes tun von Herzen. Tut euren Dienst mit gutem Willen, als dem Herrn und nicht den Menschen; denn ihr wisst: Was ein jeder Gutes tut, das wird er vom Herrn empfangen, er sei Sklave oder Freier.
Und ihr Herren, tut ihnen gegenüber das Gleiche und lasst das Drohen; denn ihr wisst, dass euer und ihr Herr im Himmel ist, und bei ihm gilt kein Ansehen der Person.«
(Eph. 5,18–6,9 Luther 1984)

Eines der *charakteristischen Merkmale* der Urgemeinde war es, dass es als normal galt, dass die Glieder der Gemeinde mit dem Geist Gottes erfüllt waren. Selbst die Männer, die die Verantwortung für die »soziale Arbeit« innerhalb einer Gemeinde tragen sollen, müssen Männer »voll des Heiligen Geistes« sein.

In der vorhergehenden Betrachtung sahen wir, dass die Geistesfülle ein Leben schafft, in dem der Heilige Geist die absolute Führungsrolle über die menschliche Persönlichkeit übernommen hat. Dies macht es dem Herrn möglich, den Gläubigen mit Kraft für sein geistliches Amt auszurüsten und die neunfache Frucht des Geistes in ihm wachsen zu lassen.

Ein gründliches Studium der entsprechenden Bibelstellen zeigt uns, dass die Beweise der Geistesfülle nichts mit Gefühlsausbrüchen oder Zeichen und Visionen zu tun haben, sondern sich auf den Charakter, die Beziehungen von Mensch zu Mensch und den Dienst am Wort auswirken. Sie lassen sich leicht nachweisen, können aber kaum imitiert werden, wie das bei den mehr subjektiven Äußerungen vorkommen kann. Sie glänzen nicht, dienen also nicht den selbstsüchtigen Interessen des Gläubigen. Vielmehr verherrlichen sie Christus in den kleinen Dingen des Lebens und in ihrem Dienst, stärken andere und helfen ihnen. Im Wesentlichen ist es ausströmendes Leben. Der Bibeltext, der unserer Betrachtung zugrunde liegt, verdeutlicht die

Auswirkungen des Geistes auf die menschlichen Beziehungen zueinander.

Im persönlichen Leben (Eph. 5,18–20)

Die Art, wie wir miteinander reden, ist das erste Wesensmerkmal: »Und redet untereinander in Psalmen und Lobgesängen und geistlichen Liedern, singet und spielet dem Herrn in eurem Herzen« (V. 19). Das klingt vielleicht ein wenig fremd. Aber wenn unser Gespräch geistlich und Christus-orientiert wird, bedeutet das nicht, dass Themen aus dem Alltag nicht auch diskutiert werden könnten; wohl aber, dass auch alle Lebensfragen ganz natürlich in geistliche Bahnen einmünden. Es ist geradezu beunruhigend, wie zweigleisig wir denken und reden und welche Mühe es uns oft macht, das Gespräch auf die Ebene zu heben, auf die uns der Herr hinaufgerettet hat: in seine Gegenwart. Häufig reden wir über das Versagen unseres Nächsten, unsere Arbeit, über das Geschäft, unsere Kinder, unsere körperlichen Beschwerden und ertappen uns dabei, dass wir ihn, unseren Herrn, merkwürdig selten im Blick haben. Wie aber bekanntlich alle Wege nach Rom führen, so sollten auch alle unsere Gespräche natürlicherweise zu Christus hinführen. Wenn wir mit seinem Geist erfüllt sind, werden wir erkennen, wie er unsere Gedanken und Worte anzieht, so wie der Magnet automatisch die Nadel anzieht.

Das *Lied im Herzen und auf den Lippen* wird ein weiterer Wesenszug der Geistesfülle sein. »Singet und spielet dem Herrn in eurem Herzen« (V. 19). Das Überströmen eines glücklichen Herzens in Liedern und Lobgesängen wird den Platz für das Murren und Klagen einnehmen. Das Lied ist ein sicheres Zeichen für den Zustand des inwendigen Menschen. »Ich weiß genau, wann Großpapa aufsteht«, erzählt der Enkel, »weil er gleich anfängt zu singen.« Ein Herz, das in Gemeinschaft mit Gott lebt und mit dem Geist erfüllt ist, findet unwillkürlich seinen Ausdruck in einem Lied. Das zeigen uns heute die jungen Leute, die sich in Scharen bekehren und immer neue Lieder schaffen und singen. Wer käme schon darauf zu singen, wenn er sich gerade elend fühlt! Manch ein Mann oder eine Frau wären erstaunt, wenn ihr Ehepartner plötzlich in einen Lobgesang ausbräche, und doch sollte dies eigentlich gar nichts Ungewöhnliches sein. Nicht alle von uns haben eine wohlklingende Stimme, aber Gott nimmt auch ein falsch gesungenes Lied als Ausdruck deiner Freude entgegen, als »das Lied deines Herzens zum Lobe des Herrn«.

Es liegt eine unerschöpfliche Kraft im Singen der großen Glaubenslieder. Schon in den alttestamentlichen wie auch in den neutestamentlichen Zeiten wurde dem Singen der Gläubigen beim Gottesdienst eine wichtige Rolle zugeschrieben. Und von wie vielen Hugenotten weiß man, dass sie singend zum Schafott gingen! »Als sie anfingen zu singen und zu loben, baute der Herr Mauern gegen den Feind auf« wird uns überliefert.

Das *Danksagen für alles* ist ein weiterer Wesenszug. »Und saget Dank allezeit für alles Gott, dem Vater, in dem Namen unseres Herrn Jesus Christus« (V. 20).

Dies Merkmal der Geistesfülle muss wortwörtlich genommen und verstanden werden; »allezeit«; »für alles«. Es steht uns nicht zu, den absoluten Anspruch dieser Forderung auszulöschen, nur weil wir sein unglaublich hohes Maß nicht erreichen können. Für den geisterfüllten Gläubigen gibt es keine Ursachen sozusagen aus zweiter Hand. Da alles, was sein Leben berührt, direkt von Gott zugelassen ist, kann er seinem himmlischen Vater immer Dank sagen, auch wenn es in blindem Glauben geschieht. Danksagen für alles – das entspricht durchaus nicht immer unserer Einstellung. Wir nehmen so vieles von ihm und anderen, als wäre es nicht mehr als recht und billig. Wir geben dem Herrn oftmals Grund zu der Frage: »Sind ihrer nicht zehn rein geworden? Wo sind aber die neun?«

Wenn der Heilige Geist uns völlig beherrscht, wird er in uns den Dank für alles bewirken. In unserem Gebetsleben wird das Dankgebet zum regelmäßigen und wichtigen Punkt unseres geistlichen Lebens.

Stell dein persönliches Leben einmal in göttliches Licht – kannst du sagen, dass du mit Gottes Geist erfüllt bist?

Im häuslichen Leben (Eph. 5,21–6,4)

Bevor Paulus sich über Einzelheiten in der häuslichen Szenerie auslässt, gibt er zu verstehen, dass das geisterfüllte Leben ein Leben gegenseitiger Unterordnung und nicht persönlicher Selbstbehauptung ist. »Und seid einander untertan in der Furcht Christi« (V. 21). Es scheint so, als beziehe sich dies auf das christliche Zusammenleben ganz allgemein und nicht nur auf eheliche Gemeinschaft.

Kirchenkonzile und andere christliche Zusammenkünfte kämen weiter in ihrer Zielsetzung und würden mehr erreichen, wenn diese Bereitschaft zur Unterordnung mehr in Erscheinung träte. Während der eigenen Standfestigkeit keine Grenzen gesetzt sind, besonders in Fällen, in denen es um wesentliche Dinge geht, gibt es viele Anlässe, bei denen gegenseitige Unterordnung den Weg für die schnelle Lösung eines hartnäckigen Problems öffnet. Es stimmt schon: wir fallen oft nur einem Vorurteil zum Opfer, wenn wir meinen, einen Grundsatz zu vertreten.

Die christliche Familie ist das Zentrum des Christentums. Geleitet durch den Heiligen Geist, fährt der Apostel fort aufzuzeigen, wie gewissenhaft sich geisterfüllte Gläubige im ehelichen und häuslichen Zusammenleben verhalten.

Die erste Ermahnung ist an die *Frauen* gerichtet. »Die Frauen sollen sich ihren Männern unterordnen als dem Herrn« (V. 22).

Dies mag eigentümlich altmodisch klingen, wenn man moderne Maßstäbe anlegt, und doch sind das nicht nur die Worte des Apostels Paulus, sondern auch die des Heiligen Geistes, unter dessen Einwirkung sie niedergeschrieben wurden. Für sich allein gelesen mag die Ermahnung wie eine Maßregelung und unfair erscheinen, aber in ihrem Zusammenhang gesehen und verglichen mit den eher noch schärferen Ermahnungen an die Männer ist es nicht so ungerechtfertigt, wie es auf den ersten Blick aussehen könnte.

Es stehen hier nicht die Überlegenheit des Mannes und das Unterlegensein der Frau zur Debatte, denn eine solche Vorstellung liegt nicht in diesen Worten. Es hat vielmehr etwas mit dem von Gott in seiner Liebe und Weisheit einem jeden Menschen zugeordneten Platz im Leben zu tun.

Die Frau soll sich dem Mann unterordnen, als wäre er der Herr selbst, denn der Mann *ist* das Haupt der Frau wie der Herr das Haupt der Gemeinde ist (V. 23). Die geisterfüllte Frau nimmt diese ihr von Gott zugewiesene Stellung an und fügt sich ihrem Mann, »wie sich die Gemeinde Christus fügt« (V. 24). Sie soll ihrem Mann »Respekt« entgegenbringen (V. 33). Das alles ist Zeugnis! Wieso? Weil die Frau damit sichtbar werden lässt, wie sich die Gemeinde, der Leib Christi, – Menschen, die früher von ihrem unerlösten Ich beherrscht wurden – Christus als dem Haupt unterordnet. Die glücklichste und idealste Ehe ist die, in der beide, das heißt Mann und Frau, geisterfüllt sind und in ihrem Verhältnis zueinander den göttlichen Ermahnungen Gehorsam leisten. Dort, wo Mann und Frau ihre Rollen in der Familie vertauscht haben, sind die Verhältnisse wahrscheinlich alles andere als ideal. Wenn es für die Gemeinde keine Unehre ist, sich Christus unterzuordnen, dann ist es auch für die Frau keine Schande, sich ihrem Mann unterzuordnen.

Wenn Gott schon viel von den Frauen verlangt, so fordert er doch noch mehr von den Männern. »Ihr Männer, liebet eure Frauen, gleichwie auch Christus die Gemeinde geliebt hat und hat sich selbst für sie gegeben« (V. 25). »So sollen auch die Männer ihre Frauen lieben wie ihren eigenen Leib« (V. 28). »Ein jeglicher habe lieb seine Frau wie sich selbst; die Frau aber fürchte den Mann« (V. 33). Wenn alle Männer diese Haltung einnehmen würden, so gäbe es für die Frauen kaum Schwierigkeiten, sich ihnen unterzuordnen. Der heilige Geist erkennt in diesen Ermahnungen, dass, wenn Frauen riskieren, sich ihren Männern nicht unterzuordnen, für sie gleichzeitig die Gefahr besteht, dass ihre Männer sie nicht mehr hingebungsvoll und selbstlos lieben. Der gültige, von Gott festgesetzte Maßstab für die Liebe eines Mannes ist Christi Liebe zu seiner Gemeinde. Wir können uns ruhig der Worte des Paulus bedienen und sagen: »Wer kann diesen Dingen Genüge tun?« Die Antwort darauf lautet: »So seid nun erfüllt mit dem Geist, und er wird euch Genüge schenken.«

Wenn eine solche Liebe, die sich aus dem göttlichen Geist der Liebe ergießt, den Männern zu eigen wäre, gäbe es weniger traurige und enttäuschte Frauen auf der Welt. Weil die Männer vielfach gedankenlos und selbstsüchtig sind, fehlen den Familien oft Harmonie und Glück. Das größte Element der Liebe Christi zu seiner Gemeinde war seine absolute Selbstlosigkeit – sein Opfer bis zum Tode. Der geisterfüllte Mann ist im Umgang mit seiner Frau durch eine selbstlose Liebe geprägt, und die selbstlose Liebe der Frau antwortet mit der Bereitschaft zur Unterordnung.

Auch *Kinder* können die Erfahrung machen, mit dem Geist erfüllt zu sein, denn es ist kein ausgesprochenes Vorrecht nur der Erwachsenen. Der Apostel weist darauf hin, wie dies schon in ihrem jungen Leben unter Beweis gestellt werden kann: »Ihr Kinder, seid gehorsam euren Eltern in dem Herrn ... Ehre Vater und Mutter« (Eph. 6,1–2).

Ungehorsam und Missachtung den Eltern gegenüber ist kein modernes Symptom, doch hat es heute die grassierende Form einer Epidemie angenommen. Wenn ein »Teenager« mit dem Geist erfüllt wird, so wird das sichtbar, nicht so sehr in aufregend religiösen Erlebnissen oder in einem Gefühlsausbruch, sondern vielmehr durch Gehorsam und Respekt gegenüber Vater und Mutter.

Paulus war keineswegs ein Mann ohne ein gewisses Mitgefühl im Hinblick auf bestimmte Probleme und Versuchungen der Jugend:

»Und ihr Väter, reizet eure Kinder nicht zum Zorn, sondern ziehet sie auf in der Zucht und Ermahnung zum Herrn« (Eph. 6,4). Mit anderen Worten, die Väter sollen in der Erziehung Vernunft walten lassen und nicht von ihren Kindern Reaktionen wie von Erwachsenen erwarten, und sie sollten es den Kindern so leicht wie möglich machen, gehorsam zu sein. Das Großziehen der Kinder »in der Zucht und Ermahnung zum Herrn« wird gewiss auch gemeinsames Bibellesen und Beten mit einschließen sowie ein hohes Maß an persönlichem Vorbild der Eltern.

Ihr Frauen, Männer, Kinder könnt nun selbst beurteilen, ob ihr aufgrund des oben Gesagten im praktischen Leben sichtbare Zeichen der Geistesfülle in euch tragt.

Im geschäftlichen Leben (Eph. 6,5–9)

Um dieses Bibelwort richtig zu verstehen, sollten wir uns vor Augen halten, dass zu jener Zeit, in der es geschrieben wurde, beinahe die Hälfte der Bevölkerung des römischen Kaiserreiches aus Sklaven bestand. Auch in der Gemeinde gab es viele Sklaven, und es wäre ihnen ein Leichtes gewesen, aufgrund ihrer neuen inneren Freiheit in Christus sich in ihrem Verhältnis zu ihrem Herrn gewisse Freiheiten zu erlauben. Es ist aufschlussreich, einmal darauf zu achten, wie ausgewogen in diesem Wort der Schrift Pflicht und Verantwortung sind. »*Ihr Knechte,* seid gehorsam euren leiblichen Herren mit Furcht und Zittern, in Einfalt eures Herzens, als dem Herrn Christus; nicht mit Dienst allein vor Augen, sondern als Knechte Christi, die den Willen Gottes von Herzen tun« (Eph. 5,7).

Dies ist ein hartes Wort, denn es bezieht sich auf den bösen wie den guten Herrn. Aber der innewohnende Heilige Geist wird es möglich machen. Es wird hier keine Einschränkung gemacht, kein träges, mürrisches und widerspenstiges Dienen ist erlaubt. Knechte sollen »von Herzen« und guten Willens ihren Dienst verrichten.

Aber der Heilige Geist stellt an Herren wie an Knechte gleichermaßen seine Forderungen. »Und *ihr Herren,* tut ihnen ein Gleiches und lasset das Drohen; wisset, dass euer und ihr Herr im Himmel ist, und bei ihm ist kein Ansehen der Person« (V. 9).

Derselbe Heilige Geist, der den Knecht fähig machen will, seinem Herrn willig und frohen Herzens zu dienen, wird auch den Herrn befähigen, seinem Knecht im gleichen Geist zu begegnen. Er wird nicht tyrannisch und unter Drohungen seine Macht ausüben, sondern wird die ihm zukommende Autorität richtig gebrauchen. Auch er soll den Willen Gottes von Herzen tun und dem Knecht wohlwollend und aufmerksam begegnen. Wer diese für das berufliche Leben bestimmten Verhaltensmaßregeln befolgt, wird auch die Lösung für die Probleme finden, die sich im Bereich seiner täglichen Arbeit ergeben. Zwischen solchen »Meistern« und »Knechten« können keine Streitigkeiten aufkommen.

Lassen wir in unserer Stellung als »Herr« oder als »Knecht« die Fülle des Geistes in uns lebendig werden?

Im christlichen Erfahrungsleben

Das Erlebnis der Geistesfülle bewirkt also, wie wir soeben gehört haben, eine neue Anpassung an die Menschen unserer Umgebung, wodurch *die andern* feststellen, dass wir mit dem Geist erfüllt sind. Aber es gibt noch andere sichere Zeichen, die auch uns Gewissheit darüber verschaffen.

Ein neues Bewusstsein der innewohnenden Gegenwart Christi ist das erste. Der Heilige Geist wird bezeichnet als der *Geist Christi,* und er schafft Christus die Wohnstatt in unseren Gedanken und wird zum Mittelpunkt unseres Herzens. »An jenem Tag werdet ihr erkennen, dass ich in meinem Vater bin und ihr in mir und *ich in euch«,* lautet die Verheißung unseres Herrn, und der Heilige Geist lässt es in dem Gläubigen Wirklichkeit werden.

Eine neue Ähnlichkeit mit Christi heiligem Wesen ist ein weiterer Beweis. Nicht behindert durch Ungehorsam oder geduldete Sünde bringt der Geist der Heiligung seine besonders große Frucht hervor (Gal. 5,22; 23). Im verwandelten Leben der Jünger nach ihrem Pfingsterlebnis wird das sichtbar, als sie »mit dem Heiligen Geist erfüllt waren«: Liebe, die alles Verständnis übersteigt, überschwängliche Freude und ein Leben voll von der Herrlichkeit Gottes, Frieden, der höher ist als alle Vernunft – das alles erlebten sie. Das neue Wesen der Jünger Jesu war gekennzeichnet durch Geduld im Leiden, durch Liebe und Güte; und Treue, Sanftmütigkeit und Selbstüberwindung breitet sich in ihren Herzen aus. Und was der Geist in ihnen bewirkte, kann er auch an uns tun.

Ein neues Erleben von Christi übernatürlicher Kraft wurde

ihnen zuteil. Ihr Leben war ein Zeugnis von dem lebendigen Geist Gottes und seiner Kraft, weil sie mit der Kraft des Heiligen Geistes erfüllt waren. Denen, die er mit seinem Geist erfüllt, verleiht er Kraft zum Leiden und zum Opfer, wie auch zum Zeugnis und zu seinem Dienst.

Wenn diese Wesensmerkmale in unserem Leben vorhanden sind, so wissen wir, dass die Fülle des Geistes uns leitet und in uns lebendig ist.

10. Die Teilhaberschaft des Heiligen Geistes

»Die Gnade unseres Herrn Jesus Christus, und die Liebe Gottes und die Gemeinschaft des Heiligen Geistes sei mit euch allen.« (2. Kor. 13,13)

Das Unternehmen »christliches Leben«, wie es uns im Neuen Testament aufgezeigt wird, setzt zu hohe Maßstäbe, der geforderte Einsatz an Idealen ist zu hoch, als dass wir das alles mit eigenen Kräften schaffen könnten. Wir brauchen einen Teilhaber mit entsprechendem Kapital und entsprechenden Fähigkeiten.

In unseren Tageszeitungen kann man häufig Anzeigen wie diese finden: »Kapitalkräftiger Geschäftspartner als Teilhaber zum Ausbau eines vielversprechenden Unternehmens gesucht.« Derjenige, der die Anzeige aufgegeben hat, besitzt das Geschäft, aber fehlendes Kapital hindert ihn an der Entwicklung des Geschäftes; deshalb die Anzeige.

Im Hinblick auf unser christliches Leben befinden wir uns in einer ähnlichen Lage. Wir haben mit dem Unternehmen »christliches Leben« begonnen, stellen inzwischen aber fest, dass unser geistliches Kapital absolut nicht reicht. Das wird uns immer stärker bewusst, wenn wir das Neue Testament aufmerksam lesen und dann auf solche Stellen stoßen: »Darum sollt ihr vollkommen sein, gleichwie euer Vater im Himmel vollkommen ist« (Matth. 5,48).

»Ihr sollt heilig sein, denn ich bin heilig« (1. Petr. 1,16). »Sorgt euch um nichts« (Phil. 4,6). »Sagt Dank allezeit für alles« (Eph. 5,20). »Betet ohne Unterlass« (1. Thess. 5,17).

Wie können wir hoffen, solchen Anforderungen je zu genügen? Geistliche Supermenschen können das vielleicht, aber wir gewöhnlichen Sterblichen? Aber unser himmlischer Vater wäre nicht Gott, wenn er etwas Unmögliches von uns verlangte. Kein menschlicher Vater würde sein eigenes Kind mit solchen überhöhten Forderungen quälen.

Nun – Tatsache ist, dass alle Forderungen Gottes im Bereich des Möglichen liegen. Augustin besaß den Schlüssel zu diesem Geheimnis, als er betete: »O Gott, gib, was du verlangst; dann verlange von mir, was du willst.« Gott hat Vorsorge dafür getroffen, dass wir alles das, was er von uns fordert, auch tun können.

Was wir brauchen, ist nämlich der Partner, der mit uns das Unternehmen »christliches Leben« teilt – ein Partner, der das »Know-how« besitzt und über die entsprechenden Mittel verfügt. Gott gibt den Partner. Die notwendige Ergänzung besteht in dem, was Paulus *»die Gemeinschaft (Teilhaberschaft) des Heiligen Geistes«* nennt.

Wir haben diese Worte schon so viele Male gehört, aber vielleicht haben wir noch nie begriffen, welche Möglichkeiten sie in sich schließen. Die neutestamentlichen Schreiber benutzten verschiedene Wörter, um Teilhaberschaft, Beteiligung, Gemeinschaft auszudrücken. Da geht es um Teilhaberschaft am Geschäft, am Besitz, um die Gemeinschaft zwischen Gott und Mensch, um das Teilhaben der Kinder Gottes an den Leiden und an der Geduld Jesu Christi und an seiner Herrlichkeit; Teilhaben an der Züchtigung, die uns als Kinder Gottes ausweist, und so auch am Heiligen Geist. Es ist eine Art Partnerschaft zwischen dem Heiligen Geist und uns. Gemeinschaft nennen wir das.

Die Persönlichkeit des Partners

Vermutlich wirst du der Lehre, dass der Heilige Geist nicht eine anonyme Kraft, sondern ein persönlich handelndes Wesen ist, zustimmen. Die Mehrzahl der Menschen spricht von dem Geist Gottes als von einer Person. Wenn wir nun diesen biblischen Lehrsatz anerkennen, setzen wir diese Anerkennung dann auch in die Praxis um? Auf welche Weise geben wir ihm Raum? Greift er tatsächlich handelnd in unser praktisches Leben ein? Lieben wir ihn? Ohne sein vielfältiges Wirken ständen wir in unserem geistlichen Leben schon bald vor einem völligen Ruin.

Als unser Herr Jesus Christus zu seinen Jüngern von

dem Kommen des Trösters sprach, tat er das mit vier prägnanten Wörtern:

»Ihr aber kennt ihn« (Joh. 14,17). Ihr kennt wen? Den Heiligen Geist. Wir könnten sicher mit »Ja« antworten, wenn sich dieses Wort auf Gott oder Jesus Christus bezöge; aber können wir ehrlich sagen, dass wir den Heiligen Geist *kennen?* Als die Dritte Person der Dreieinigkeit, den innewohnenden Tröster?

Wenn wir geistlich wachsen wollen, müssen wir uns darüber im Klaren sein, dass uns hier nicht etwa ein Einfluss oder eine Kraft zur Verfügung steht, sondern dass wir – welch ein Geheimnis! – in persönlicher Gemeinschaft mit einem persönlichen göttlichen Partner leben können, dem wahren Stellvertreter des erhöhten Herrn. Erfreuen wir uns wirklich der Partnerschaft des Heiligen Geistes?

Das Ziel der Teilhaberschaft

Es ist für den Erfolg von äußerster Wichtigkeit, dass beide Partner in ihrer geschäftlichen Zielsetzung einer Meinung sind. Beide können durchaus rechtschaffene Leute sein – das Verhältnis wird unglücklich, die Partner verbittert, wenn sie verschiedene Ideen und Interessen verfolgen.

Der Heilige Geist wurde auf die Erde gesandt, um eine große Transaktion für das himmlische Unternehmen, das er vertritt, zu vollziehen, nämlich verlorene Menschen aus der ihrem Untergang zusteuernden Welt herauszurufen und sie als Erlöste der Gemeinde Gottes zuzuführen. Für dieses Unternehmen sucht er unsere Teilhaberschaft. Er ist Christi Fürsprecher auf Erden, dessen Interessen er überblickt und vorantreibt. *Sein wichtigstes Anliegen ist die Verherrlichung Christi unter den Menschen.* Dies ist Sinn und Zweck der Partnerschaft, und dies soll auch das höchste Ziel unseres Lebens und Dienstes sein.

»Er wird mich verherrlichen«, lautete das zusammengefasste Wort unseres Herrn über den Dienst des »Trösters«. Wenn wir seine echten Partner sind, werden wir dasselbe tun. Und wir können mit der besten Kooperation unseres Partners rechnen, ganz gleich, ob unser Wirkungskreis die Kanzel oder die Fabrik, das Missionsfeld oder die Familie ist.

Die Stellung der Teilhaber

Manche Geschäftsverbindungen laufen recht erfolgreich bei einem »aktiven« und einem »passiven« Partner. Der Passive sorgt, obwohl er an der eigentlichen Geschäftsabwicklung nicht unmittelbar beteiligt ist, für das notwendige Kapital und hat Anteil am Gewinn. Aber der Heilige Geist wird sich auf solche Abmachungen nicht einlassen. *Er muss der ranghöchste Partner sein und Kontrollfunktion haben.* Sein Wesen muss unser Wesen beherrschen. Kann die Fruchtlosigkeit in unserem Dienst nicht im verkehrten Rollenspiel der Partner ihre Wurzel haben? Wir haben uns selbst die Rolle des Hauptteilhabers angemaßt und dem Heiligen Geist die des stillen Partners zugeschrieben? Wir haben uns seiner bedient, anstatt ihn zu bitten, uns zu gebrauchen?

Die Geschichte Gideons liefert uns eine eindrucksvolle Darstellung vom richtigen Verhältnis zwischen dem Heiligen Geist und dem Gläubigen. »Da erfüllte der Heilige Geist des Herrn den Gideon« (Ri. 6,34). Er benutzt Gideon als sein Gefäß und schenkt Israel durch Gideon einen großen Sieg über die Feinde. Gideon wurde zu einem mächtigen Instrument in der Hand Gottes, weil er die Position des Geistes Gottes und seine eigene richtig einschätzte.

Moody erzählt, wie sehr ihn ein betagter Mann mit dem Satz beunruhigt habe: »Junger Mann, ehren Sie den Heiligen Geist, sonst werden Sie im Leben Schiffbruch erleiden.«

»Ich war erbost darüber«, sagte Moody, »aber er hatte Recht. In meinem Herzen war ich tief betrübt, und ich betete und betete, bis endlich die Nacht hereinbrach und der dritte Himmel mich fand... Da erfuhr meine Seele das Geheimnis des Mose vom brennenden Dornbusch, der dennoch nicht verbrannte.«

Wenn wir den Heiligen Geist ehren und ihm die Stellung des Hauptteilhabers einräumen, werden wir feststellen, dass, was gut für ihn ist, auch für uns gut ist (Apg. 15,28).

Wir werden kein waghalsiges Unternehmen beginnen, bei dem er nicht der Urheber ist oder bei dem wir uns nicht zuvor seiner Zustimmung rückversichert haben. Er soll immer befragt werden, und sein Rat ist zu befolgen. Das letzte Wort wird immer er sprechen, denn er ist der Seniorpartner.

Die Bedingungen der Teilhaberschaft

Im Interesse einer erfolgreichen und harmonischen Teilhaberschaft müssen die Bedingungen bis in alle Einzelheiten sorgfältig ausgehandelt werden und zu allem das Einverständnis beider Partner vorliegen. Es wäre unklug, in eine Partnerschaft selbst mit dem besten Freund einzutreten, ohne vorher diese Bedingungen in einem Vertrag genau festzulegen.

Gewöhnlich sieht ein Teilhabervertrag mindestens die folgende Bedingungen vor:

Die Geschäfte sind gemäß dem Teilhabervertrag abzuwickeln. Unser Teilhabervertrag ist das Wort Gottes, das vom Heiligen Geist getriebene Männer geschrieben haben. In ihm sind grundsätzliche Richtlinien für jedes Ereignis, das sich möglicherweise im Laufe unserer Geschäftsbeziehungen mit Gott ergeben könnte, enthalten. Es ist deshalb wichtig, dass wir uns damit vertraut machen und unser Leben nach diesen Erfordernissen ausrichten, d.h. diesen Vertrag in allen Teilen anerkennen.

Die Teilhaber sollen ihre ganze Zeit, alle ihre Fähigkeiten und ihre ganze Energie darauf verwenden, die gemeinsamen Geschäftsinteressen zu fördern. Es besteht kein Zweifel daran, dass der Heilige Geist seine Verantwortlichkeiten innerhalb der Teilhaberschaft voll und ganz erfüllen wird. Er wird nicht nur seinen eigenen Anteil leisten, sondern auch noch uns helfen und uns zur Verherrlichung Christi die Vollmacht verleihen, Seelen zu retten und seine Gemeinde aufzubauen. Das geht eindeutig aus der folgenden Verheißung unseres Herrn hervor: »Ihr werdet aber die Kraft des Heiligen Geistes empfangen, welcher auf euch kommen wird, und werdet meine Zeugen sein« (Apg. 1,8).

Wie unser Meister werden auch wir bereitwillig unsere persönlichen Interessen und Annehmlichkeiten dem Interesse seines Reiches opfern. Wir werden kein geschäftliches Bündnis mit seinen Widersachern – der Welt, dem Fleisch und dem Teufel – eingehen.

Der Kapitalbeitrag: Was können wir zu der Partnerschaft in Bezug auf das Kapital beisteuern? Wir besitzen nichts, was wir nicht vorher empfangen hätten. Doch in den Augen unseres himmlischen Partners haben wir etwas sehr Kostbares: unser erlöstes Leben, uns selbst mit allen Kräften und Möglichkeiten des Menschseins. So sind wir für ihn, den Heiligen Geist, annehmbar, denn wir sind nach »seinem Bilde« geschaffen, und unsere Erlösung hat dieses Bild wieder hervortreten lassen.

Wie sieht nun der Beitrag des Hauptteilhabers zur Kapitalvermehrung der Teilhaberschaft aus? »Die unerforschlichen Reichtümer Christi, in denen verborgen liegen alle Schätze der Weisheit und der Erkenntnis« – ganz gewiss ein ausreichendes Kapital, um unseren ganzen Bedarf zu decken.

Freunde berichteten über einen jungen Mann, der sich sehr zum Erstaunen seiner Freunde in ein großes Unternehmen stürzte. Sie konnten nicht begreifen, wie ein junger mittelloser Mann so viel riskieren konnte. Der Faktor, den sie dabei übersehen hatten, war ein wohlhabender Geschäftsmann, der den Scharfblick des jungen Mannes für geschäftliche Belange entdeckt hatte und mit den Worten an ihn herangetreten war: »Du machst den Anfang, und ich werde dir dabei zur Seite stehen. Wenn du irgendeinen Rat oder einen Vorschuss brauchst, so wende dich an mich.« Es war der verborgene Beistand, der ihn dazu befähigte, das zu erreichen, was andernfalls unmöglich gewesen wäre.

Mit unserem Partner im Rücken, mit seinem Rat und seiner Hilfe können wir im Glauben einen Dienst für Gott wagen, der unser eigenes Grundkapital und unsere natürlichen Fähigkeiten weit übersteigt. Was uns fehlt, hat unser Partner längst vorrätig. Wir können niemals unser geistliches Konto überziehen, denn Gott »hat uns gesegnet mit allem geistlichen Segen ... in Christus« (Eph. 1,3).

Im Falle irgendwelcher Unstimmigkeiten oder strittiger Fragen wird die Angelegenheit vor einen Schiedsrichter gebracht. Wer wird der Richter sein, wenn bestimmte Abmachungen der Teilhaberschaft nicht eingehalten werden? Auch hierfür ist Vorsorge in dem abgeschlossenen Vertrag getroffen. »Und der Friede Gottes regiere in euren Herzen (als der Schlichter aller Streitfragen)« (Kol. 3,15).

Wenn Ruhe und Frieden aus unserem Herzen gewichen sind, dann wissen wir, dass wir nicht im Einklang zu unserem Hauptteilhaber stehen. Wir haben den Heiligen Geist betrübt. Ein ehrliches und freimütiges Bekenntnis unserer Sündenschuld, die die Beziehung trübte, und die Erneuerung unseres Gehorsams und volle Zusammenarbeit werden bewirken, dass der Friede wieder in unser Herz zurückkehrt.

Die Gewinnverteilung. Es wird sich zeigen, dass wir bei dieser Teilhaberschaft den höchsten Gewinn erzielt haben. Anders als die meisten anderen Handelspartner sucht der Heilige Geist nicht das Seine. Er schüttet den ganzen Gewinn, der aus dem Teilhabergeschäft fließt, über uns aus, obwohl wir so erbärmlich wenig Kapital eingebracht haben. Er setzt uns als »Erben Gottes und Miterben unseres Herrn Jesus Christus« ein, und so wird sein ganzer Besitz auch der unsrige sein.

Die Vorrechte der Teilhaberschaft

Diese Teilhaberschaft mit dem Heiligen Geist überträgt an uns einzigartige Vorrechte:

Bei unserem Bibelstudium. Als der *Geist der Wahrheit* und als der Erleuchter und Deuter der Schrift stellt er uns seine gnädige Hilfe zur Verfügung. Während wir in der Gemeinschaft mit ihm die Schrift kreuz und quer durchziehen, wirft er ein helles Licht auf jede Seite, offenbart uns ihre Geheimnisse und zeichnet das Bild von der Herrlichkeit Gottes im Angesicht Jesu Christi. In geistlichen Auseinandersetzungen können wir mit ihm, dessen Schwert das Wort Gottes ist, unbedingt rechnen.

Beim Gebet. Unser Partner hilft uns begeistert beim Einssein mit dem Himmel. Wir müssen uns die Fruchtlosigkeit in unserem Gebetsleben oft selbst zuschreiben, weil es uns schwer fällt, die Beziehung zu unserem Partner, dem »Geist des Gebets«, aufrechtzuerhalten. Er ist es ja gerade, der uns liebend gern helfen will, unsere körperlichen Schwachheiten und auch die Unzulänglichkeiten unseres Verstandes zu überwinden und uns auf diese Weise in unserem Gebetsleben beizustehen (Röm. 8,26). Wir dürfen ihn deshalb nicht vergessen, wenn wir beten.

Bei unserem Dienst für Christus. Bei allen unseren Bemühungen, Christus zu verherrlichen – das ist ja das wahre Ziel jedes christlichen Dienstes –, kommt uns der Heilige Geist mit großer Freude zu Hilfe. Wir können uns immer an ihn wenden, nicht nur um Rat einzuholen, sondern auch mit der Bitte um Kraft und Weisheit; denn er ist der »Geist der Kraft«.

Im täglichen Leben. Es wäre unmöglich, auf die Dauer mit dem »Geist der Heiligung« partnerschaftlich verbunden zu sein, ohne dass er auf uns abfärbte, uns also auch an seiner Heiligkeit teilhaben ließe, denn er leitet seine Unternehmen ja nicht nur mit Kapital und Kontrolle; sie sind Frucht seines Geistes, wachsen also von innen heraus. Es ist »der Heilige Geist, der in euch wohnt«. Er ist heilig, und so wird er auch uns, die zugleich seine Werke und seine Partner sind, in zunehmendem Maße heiligen, so dass wir mehr und mehr in das Ebenbild Christi hineingestaltet werden. In seiner Gnade wird er auch uns gnädig machen. In seinem Geist der Wahrheit wird er auch uns wahrhaftig machen. In seiner Liebe wird er auch uns zur Liebe fähig machen.

Das alles wissen wir theoretisch schon lange. Der daraus erwachsende Segen wird uns mehr und mehr bedeuten, je mehr uns bewusst wird, was das heißt: »Partnerschaft des Heiligen Geistes«.

Der Mann wie Gott ihn haben will
Gene A. Getz

160 Seiten, Tb.
Best.-Nr.: 30830

In seinen Briefen an Timotheus und Titus beschreibt Paulus eingehend die Qualifikationen für Männer, die irgendeine Funktion in der Gemeinde ausüben. Die meisten der 20 Merkmale oder Eigenschaften, die er anführt, bezieht er in seinen anderen Briefen allgemein auf alle Gläubigen. Darum hat dieses Buch, obwohl in erster Linie für Männer geschrieben, auch Frauen etwas zu sagen.
Dieses Buch zeigt in klarer, biblisch fundierter Weise, wie der gläubige Mann zum reifen Mannesalter in Christus kommen kann. Frauen können hier entdecken, wie sie ihrem Mann die unterstützende Liebe und das Verständnis entgegenbringen können, die er braucht, um zur vollen Reife im Glauben zu gelangen.
Dieses Buch spiegelt die Erfahrungen des Autors mit einer Gruppe von Männern wider, die zusammen das Entstehen der Fellowship Bible Church in Dallas, Texas, erlebten. Dr. Gene A. Getz ist außerordentlicher Professor für praktische Theologie am Theologischen Seminar Dallas und Verfasser einer Reihe von Büchern.

Lehrerin des Guten
Martha Peace

160 Seiten, Pb.
Best.-Nr.: 30829

»[Du aber rede] ... dass sich die alten Frauen gleicherweise so verhalten sollen, wie es Heiligen geziemt, dass sie nicht verleumderisch sein sollen, nicht vielem Weingenuss ergeben, sondern Lehrerinnen des Guten, damit sie die jungen Frauen dazu anleiten, ihre Männer und ihre Kinder zu lieben, besonnen zu sein, keusch, häuslich, gütig, und sich ihren Männern unterzuordnen, damit das Wort Gottes nicht verlästert wird.«
Titus 2,3–5 (Schlachter-Übersetzung)

Dieser (oft sehr vernachlässigte) Abschnitt der Heiligen Schrift bildet die biblische Grundlage für dieses Buch. Martha Peace stellt den gläubigen Frauen eine Hilfe zur Verfügung, zunächst den eigenen Charakter von Gott formen zu lassen und dann auch die Verantwortung für den Dienst an anderen (jüngeren) Frauen wahrzunehmen.

Unterordnung – Einschränkung oder Privileg?
Elizabeth Rice Handford

144 Seiten, Tb.
Best.-Nr.: 30828

Gottes Weg zum Glück und Segen für die Familie führt über die Unterordnung der Ehefrau unter ihren Mann. Wenn eine Frau erkennt, welche Verantwortung in der Unterordnung steckt und diese Verantwortung wahrnimmt, bringt ihr der Plan Gottes Privilegien, Segnungen und Freuden, die sie auf keinem anderen Weg bekommen kann.

Die Autorin fasst das oft umstrittene Thema sehr warmherzig an. Sie spricht aus dem Leben heraus, sowohl aus ihrem eigenen als auch aus dem Leben der vielen Frauen mit denen sie persönlich zu tun hatte. Diese aus dem Leben gegriffenen Beispiele machen das Buch sehr lebendig und praktisch.

Elizabeth Handford macht keine Abstriche von der biblischen Wahrheit, sondern zeigt den reichen Segen, den der Gehorsam gegenüber Gottes Ordnung mit sich bringt. Dieser Segen gilt nicht nur der Frau, sondern ihrer ganzen Familie und ebnet selbst einem ungläubigen Ehemann den Weg zu dem Herrn Jesus Christus.